U0589560

新型工业化
优秀实践案例

工业和信息化部编写组◎编

人民邮电出版社
北　京

图书在版编目（CIP）数据

新型工业化优秀实践案例 / 工业和信息化部编写组
编. -- 北京 : 人民邮电出版社, 2025. -- ISBN 978-7
-115-68112-6

Ⅰ. F424

中国国家版本馆 CIP 数据核字第 2025S6U094 号

内 容 提 要

　　本书紧密围绕学习贯彻习近平新时代中国特色社会主义思想和党的二十大精神这一主线，并以 2023 年 9 月全国新型工业化推进大会的战略部署为主要依据，旨在系统展示我国在推进新型工业化进程中取得的显著成效和宝贵经验。全书精心编选了 44 个具有代表性的典型案例，这些案例生动展现了习近平总书记关于新型工业化重要论述的巨大实践指导作用。案例的主体涵盖广泛，包括重点城市、特色产业园区、央企以及民企等多元市场参与者。通过对这些重点企业、重点行业、重点地区在新型工业化实践中形成的可复制、可普及的优秀经验和创新做法进行总结与提炼，以期为有关政府部门、园区、企业等工作人员和所有关新型工业化发展的读者，提供一个内容翔实、借鉴性强的参考读本和实践指南。

◆ 编　　　　　工业和信息化部编写组
　　责任编辑　林舒嫒
　　责任印制　王 郁 胡 南
◆ 人民邮电出版社出版发行　　北京市丰台区成寿寺路 11 号
　　邮编　100164　　电子邮件　315@ptpress.com.cn
　　网址　https://www.ptpress.com.cn
　　固安县铭成印刷有限公司印刷
◆ 开本：720×960　1/16
　　印张：15　　　　　　　　　　2025 年 9 月第 1 版
　　字数：192 千字　　　　　　　2025 年 9 月河北第 1 次印刷

定价：99.00 元
读者服务热线：(010)81055410　印装质量热线：(010)81055316
反盗版热线：(010)81055315

前言

推进新型工业化是以习近平同志为核心的党中央统筹中华民族伟大复兴战略全局和世界百年未有之大变局作出的重大战略部署。党的十八大以来，习近平总书记举旗定向、领航掌舵，就推进新型工业化一系列重大理论和实践问题作出重要论述，强调"新时代新征程，以中国式现代化全面推进强国建设、民族复兴伟业，实现新型工业化是关键任务""制造业是我国经济命脉所系，是立国之本、强国之基""制造业必须筑牢"。这些重要论述，极大丰富和发展了我们党对工业化的规律性认识，为推进新型工业化指明了前进方向、提供了根本遵循。2023年9月22日至23日，党中央召开全国新型工业化推进大会，作出全面部署，吹响加快推进新型工业化的号角。

深入学习贯彻习近平总书记关于推进新型工业化的重要论述，落实全国新型工业化推进大会部署要求，工业和信息化部聚焦推动科技创新和产业创新融合发展、构建以先进制造业为骨干的现代化产业体系、推进信息化和工业化深度融合、全面推动工业绿色发展、建设世界一流企业、推动信息通信业高质量发展、加强新型工业化引领和支撑作用、扩大产业链供应链开放合作、提升产业治理现代化水平等9个方面，组织编选了44个典型案例，总结重点企业、重点行业、重点地区在实践中形成的好经验、好做法，以期为有关政府部门、园区、企业等工作人员和所有关心新型工业化发展的读者提供参考。

工业和信息化部编写组

2025年9月

目录

推动科技创新和产业创新融合发展

科技创新和产业创新，是发展新质生产力的基本路径。抓科技创新和产业创新融合，让创新链和产业链无缝对接。

西安市：强化企业科技创新主体地位，推动科技创新与产业创新深度融合

【引　言】 2023年5月，习近平总书记在听取陕西省委和省政府工作汇报时指出，"强化企业科技创新的主体地位，推动创新链产业链资金链人才链深度融合，加快科技成果产业化进程"。近年来，西安市不断强化企业科技创新主体地位，推动科技创新与产业创新深度融合，加速培育新质生产力，切实把科技资源优势转化为产业发展优势。

【摘　要】 为进一步强化企业科技创新主体地位，推动科技创新与产业创新深度融合，西安市集中出台了《西安市强化企业创新主体地位推动科技创新与产业创新深度融合发展若干措施（2024—2026年）》等系列政策，把支持科技创新的抓手放在企业，引导各类创新要素向企业聚集，不断优化创新生态，让企业真正成为研发投入、成果转化、技术创新、规模贡献的主体，让创新型企业真正成为提升城市产业竞争能力和经济发展实力的主力军。

【关键词】 科技创新；产业创新；科技成果转化

3

一、背景情况

近年来，西安市深入实施创新立市、产业强市战略，扎实推进新型工业化，围绕产业链部署创新链，围绕创新链布局产业链，不断强化企业科技创新主体地位，推动科技创新与产业创新深度融合，加速培育新质生产力，切实把科技资源优势转化为产业发展优势，助力实体经济特别是制造业做实做强做优。2024年，西安市全社会研发投入强度5.56%，规模以上工业企业研发投入230.96亿元，同比增长9.3%；每万人发明专利拥有量81.27件，同比增长14.9%；新增高新技术企业1800家、科技型中小企业2500家，总数分别突破1.5万家和1.9万家。

二、主要做法

（一）不断强化企业科技创新主体地位

一是完善科技创新体系顶层设计。制定出台《西安市强化企业创新主体地位推动科技创新与产业创新深度融合发展若干措施（2024—2026年）》《西安市支持科技企业创新发展若干措施》《西安市支持中国西部科技创新港打造教育科技人才一体化发展示范区若干措施》，构建以企业为核心的科技创新体系，为企业创新活动筑牢制度根基。

二是推进创新平台建设。大力鼓励企业牵头搭建创新平台，以省属国企牵头建设国家先进稀有金属材料技术创新中心。截至2024年底，全市拥有1家国家制造业创新中心和30家国家企业技术中心，为企业开展前沿技术研究、关键技术攻关提供了坚实支撑。

三是激发企业技术创新活力。2022—2024年，共实施陕西省重点产业链关键核心技术产业化"揭榜挂帅"项目114项，充分调动企业创新积极性。隆基绿能实现了背接触晶硅异质结太阳电池27.3%和晶硅-钙钛矿叠层电池34.6%的光电转换效率。维度医疗研发的"SLM①匹配式胸腰椎人工椎体"获批上市。

（二）加快秦创原创新驱动平台②建设

一是强化组织保障。制定《西安市推进秦创原创新驱动平台建设实施方案（2021—2023年）》，成立由市委、市政府主要领导担任组长的西安市秦创原创新驱动平台建设工作领导小组，定期组织召开会议，研究部署重点工作，解决重大问题。

二是推动产业集聚。大力推进秦创原产业创新聚集区创建工作，先后获批新材料、空天动力等领域陕西实验室，以及新材料、光子、氢能、智能网联、航空、航天、无人机、机器人8个省级秦创原产业创新聚集区，吸引众多相关产业加速汇聚。西咸新区与国家超级计算西安中心签订战略合作协议，为辖区企业提供算力服务。中建西北创研中心、中科大固体氧化物燃料电池装备制造基地等重大项目落地。

三是布局创新载体。截至2024年底，累计培育国家、省、市技术转移示范机构201个，建成市级以上共性技术研发平台15个、新型研发机构33个、创新联合体63个、工程技术研究中心592家，搭建起从技术研发、成果转化到产业化应用的全链条创新体系。

（三）持续优化产业科技创新生态

一是深化科技成果转化改革。纵深推进职务科技成果单列管理、技术

---

① SLM：选择性激光熔化。
② 秦创原创新驱动平台：于2021年3月启动建设，是陕西省创新驱动发展的总平台、总源头和总引擎，旨在激活陕西省的存量创新资源、吸引外部增量资源，并有效释放创新势能，推动科技成果转化和经济发展。

转移人才评价和职称评定、横向科研项目结余经费出资科技成果转化等科技成果转化"三项改革"，创新"先投后股"等科技成果转化财政支持模式，激发成果转化活力。2024年，全市技术合同成交额达到4500亿元，同比增长15.3%。2022—2024年，累计组织产学研金协同创新活动385场，推进科技成果就地转化项目2000余个，打通科技成果转化"最后一公里"。

二是强化科技金融支撑。截至2024年底，西安市创新投资基金成功吸引21家外地科技型企业落户，累计设立39只子基金，实缴规模124.45亿元，投资金额87.53亿元。科技金融服务企业677家，贷款额30.1亿元。西安财金联合国投创合等8家单位共同发起设立丝路创投联盟，会员达160家，不断拓宽科技企业融资渠道。

三是加强人才引育。实施全球招才引智工程，对掌握关键核心技术、开展前瞻性研究或实施重大项目的顶尖人才（团队），按照"一人一策、一事一议"的方式给予支持。通过遴选"产业教授"到高校任教、选派"科技副总"到企业开展技术指导等方式，促进高校科研人员与企业之间的双向交流。通过"科学家+工程师"队伍建设和"校招企用"模式，推动高校院所服务企业创新。

三、经验启示

（一）构建以企业为主体的产业科技创新体系

强化制度保障，制定出台强化企业创新主体地位的政策文件，明确总体目标、主要措施和市政府各部门分工。鼓励企业牵头搭建技术创新中心等创新平台，开展前沿技术研究和关键技术攻关。通过实施关键核心技术产业化项目，调动激发企业创新活力。

（二）促进产业、科技、人才、金融深度融合

聚焦新材料、光子、氢能、智能网联、航空等前沿领域，构建产业创新聚集区，同步推进共性技术研发平台、新型研发机构、创新联合体、工程技术研究中心，引进顶尖人才，组建"科学家＋工程师"队伍，设立创新投资基金、丝路创投联盟等，加速产业资源、创新资源、人才资源、金融资源聚合效应，有力促进产业科技创新。

（三）以机制创新和生态建设促进科技成果转化

深入推进科技成果转化"三项改革"，创新"先投后股"等财政支持模式，开展产学研金协同创新活动，持续优化创新生态，通过体制机制创新与产业生态建设相结合的方式，有力推进科技成果就地转化，形成"改革突破—要素激活—价值倍增"的良性循环。

国家高性能医疗器械创新中心：争当世界一流高端医疗器械创新生态引领者

【引　言】 2024年6月，习近平总书记在全国科技大会、国家科学技术奖励大会、两院院士大会上指出，"扎实推动科技创新和产业创新深度融合，助力发展新质生产力"。国家高性能医疗器械创新中心将科技创新和产业创新融合发展作为核心理念，注重科技成果转化，有效促进了科技创新和产业创新深度融合。

【摘　要】 国家高性能医疗器械创新中心作为我国在医疗器械领域的国家级制造业创新中心，持续发挥国家级创新平台的产业枢纽与带动作用，探索形成"技术创新与产业服务"双轮驱动的运营机制，引领我国高端医疗器械产业集群发展壮大。国家高性能医疗器械创新中心集聚国家战略，联合高校、科研机构、医院、企业等优势资源，组建创新联合体，共同开展技术攻关与产业转化。国家高性能医疗器械创新中心着力构建全线赋能的创新生态体系，搭建从临床需求、技术研发到产业转化、融资上市的全链条公共服务平台，服务带动国内一批医疗器械企业加快技术创新与产业化布局。

【关键词】 国家级创新平台；医疗器械；产业转化

一、背景情况

国家高性能医疗器械创新中心于2020年4月成立，落户深圳市龙华区，是我国在医疗器械领域的国家级制造业创新中心。国家高性能医疗器械创新中心围绕预防、诊断、治疗、康复领域的高端医疗设备重大需求，聚焦医学影像、体外诊断、先进治疗、医用材料与植介入器械、康复与健康信息等重点方向，致力突破行业发展的共性技术，打通技术开发、转移扩散到首次商业化应用各个环节，打造贯穿创新链、产业链和资金链的高性能医疗器械产业创新生态体系，逐步发挥国家级创新平台的产业枢纽与带动作用，汇聚推进新型工业化的强大合力。

二、主要做法

（一）坚持人才是创新的第一资源

聚焦国家重点领域、产业重要需求，实施全球招聘战略，打造医疗器械人才聚集新高地，已形成一支由377人组成的科研与管理团队，研发人员占比约70%，其中，拥有博士学位人才92人。强化科研锤炼，培养战略科技力量。组建的青年海归科学家团队（平均年龄34岁）已承担多项国家、省、市级重点科研项目，攻克了一批共性技术难题。通过引团队、搭平台、临床对接、资本对接等方式全流程赋能海归人才创新成果转化，已培育孵化10余家创新型医疗器械公司，新型病理诊断设备、新型眼科诊断设备等项目已成功获千万级外部融资。

（二）强化平台引领支撑作用

围绕医疗器械行业特色，精准搭建公共服务平台，构建产业创新服务能力，已建成医学影像、体外诊断、先进治疗、医用材料与植介入器械、康复与健康信息五大技术研发平台、检验测试平台和中试平台。拥有各类科研与加工设备 800 余台/套,并面向行业开放共享。同时与医院、企业、科研院所等共建科研与临床转化服务平台,为行业提供公共服务。构建企业牵头、高校院所支撑、各创新主体相互协同的创新联合体,建立"需求方出题、科技界答题"新机制,承担国家、省、市级科研攻关项目 90 余项,取得了一批创新成果。

(三)构建全线赋能创新生态体系

全力构建医疗器械创新生态,融合"政产学研医资检"各类主体,打通从临床需求、技术研发、科学监管到产业转化、融资上市的全链条,为行业提供广泛服务。CRO[①]服务平台国创金福提供产品设计优化、注册认证、市场流通、推广应用等全生命周期的技术服务。CDMO[②]服务平台国创汇康与富士康合作,面向全球提供各类医疗器械产品工程化、中试、定制生产等服务。基金公司国创致远发起规模为 3 亿元的大健康产业基金,助力源头创新科技成果转化。孵化平台国创育成开展高端医疗器械科技成果投资孵化、产业落地及产业加速等工作,已与新加坡医创中心、德国医谷等机构建立合作关系;运营 7 万平方米的产业孵化及加速空间,累计孵化企业 50 家。

三、经验启示

(一)聚焦人才战略,构建"引育用"全链条创新引擎

以全球视野实施高端人才引聚工程,通过"精准引才+实战育才+生

---

① CRO:合同研究组织。
② CDMO:合同研发和生产组织。

态用才"形成闭环。建立跨学科青年科研团队攻坚共性技术，同步搭建临床对接、资本赋能、孵化加速等成果转化通道，实现"顶尖人才引领创新—青年梯队接力攻关—市场机制反哺研发"的良性循环，为产业升级提供可持续动力。

（二）强化平台支撑，打造"硬核技术"攻坚体系

瞄准行业痛点构建开放共享型技术平台集群，以"共性技术研发+检验中试+临床转化"三位一体破解难题。通过"企业出题—联合解题"机制整合产学研资源，既发挥龙头企业牵引作用，又激活科研院所创新势能，在高端医疗装备领域实现跨越式突破。

（三）构建生态闭环，激活"全要素"协同创新生态

贯通"需求挖掘—研发转化—产业孵化—资本助推"全链条，通过CRO/CDMO专业服务平台降低创新门槛，依托产业基金破解早期融资瓶颈，利用孵化载体加速技术商业化。以"政产学研医资检"七维联动重构产业生态，形成"临床需求驱动创新—创新成果反哺临床"的双向循环，显著提升产业整体竞争力。

重庆高新技术产业研究院有限责任公司："研究院经济"助推科技成果转化度过"至暗时刻"

【引　言】 2024年4月，习近平总书记在重庆市考察时强调，"重庆的制造业有自身的结构特点、有相应的优势，希望重庆牢牢抓住科技创新这个'牛鼻子'，扬优势、补短板，抓当前、谋未来，坚定不移、久久为功，奋力推动制造业高质量发展"。重庆高新技术产业研究院有限责任公司（以下简称重庆高新院）着力推动"研究院经济"，加速推动科技成果产业化。

【摘　要】 重庆高新院是重庆市属国企，自2019年6月成立以来，围绕重庆市"416"科技创新布局①和"33618"现代制造业集群体系建设②，扎实推动科技创新和产业创新融合发展，聚力打造"研究院经济"模式，持续优化"产业研究院+产业基金+产业园区"产业生成生态，以高端平台集聚优质科创资源、高端人才团队，以重大原创科技成果转化应用为主攻方向，畅通专精特新企业孵化培育全流程通道，推动一大批科技成果从"书架"搬到"货架"、从"实验室"走向"生产线"。

【关键词】科技创新和产业创新融合发展；"研究院经济"

---

① "416"科技创新布局：布局数智科技、生命健康、新材料、绿色低碳等四大科创高地，以及人工智能、区块链、云计算、大数据等16个重要战略领域。

② "33618"现代制造业集群体系建设：建设智能网联新能源汽车、新一代电子信息制造业、先进材料等三大万亿级主导产业集群，智能装备及智能制造、食品及农产品加工、软件信息服务等三大五千亿级支柱产业集群，新型显示、轻纺等六大千亿级特色优势产业集群，以及卫星互联网、元宇宙等18个"新星"产业集群。

一、背景情况

多年来，重庆市紧扣科技成果孵化生成主基调，结合人才创新创业全周期服务机制改革，加速推动科技成果产业化，但面临四大困境。一是创业风险较高。"科学家"往往缺乏"企业家"思维，欠缺资金、质量、市场等领域风险管控能力。高质量科技供给和成果转化不足，高校及科研院所专利转化率很低。二是中试熟化存在短板。中试平台布局散、数量少，且产品试制类平台占比不足20%，难以支撑产品规模化量产。中试公共服务能力和开放共享水平较低，尚未形成产业链上下游、左右岸提供中试服务的市场化模式。三是金融支撑作用不够。种子基金、社会资本对投资科技创新项目持谨慎态度，重庆市115只基金仅投向212家中小企业，市内私募基金投向本地企业占比仅26%，投早、投小、投长期、投硬科技力度不够。四是专业人才团队匮乏。高校和科研院所、重点企业联动性有待提升，约80%的高层次人才集中在高校，高级工程师领衔、资深工程专家参与的专业团队不多，对负责项目"陪跑"的技术经纪人才、投资人才培育力度不足。在此背景下，重庆高新院应运而生。自2019年6月成立以来，重庆高新院围绕重庆市"416"科技创新布局和"33618"现代制造业集群体系建设，以重大原创科技成果转化应用为主攻方向，畅通专精特新企业孵化培育全流程通道，推动一大批科技成果从"书架"搬到"货架"、从"实验室"走向"生产线"。

二、主要做法

（一）扩面开源汇集科技成果

一是以人才引育为牵引。将人才引进与科技成果、项目、产业一体化捆绑，发挥"引进一批人才、搜储一批成果、带动一批项目、升级一批产业"综合效应，打造具有标识性的综合性创新平台。组建形成高素质人才团队，拥有专业化创新人才近60人，专职研发人员占比达70%，成功培育3个"重庆英才"创新创业团队，6家重庆博士后工作站。柔性引进行业顶尖人才10余人，联动产业联盟、行业协会等汇聚知名高校院所专家教授1200余名，吸引创新团队超500人。

二是以组织载体为抓手。牵头成立成渝地区双城经济圈科技创新联盟，联合14家知名学术组织，开展项目和科技交流活动近200次。组建重庆市电工技术学会，吸纳31家会员单位，弥补电工技术领域学术组织空白。

三是以技术需求为导向。围绕"416"科技创新布局和"33618"现代制造业集群体系建设，聚焦产业链关键技术需求，广泛开辟国内外科技成果获取渠道，与127家高校院所、实验室、重点企业达成合作，储备2000余项可转化的高价值科技成果。

（二）适配产业遴选科技成果

一是配优专业化队伍。建强创新创业"陪跑团"，大力引育职业经理人、技术经理人、投资经理人等"关键人物"，提升"科技红娘"服务效能。按照"缺什么补什么"思路，调配专业人才入驻在孵企业担任高管，提供一站式服务。

二是强化专业化评价。聚焦科技成果"筛选引入、技术审查、专家审查、知识产权评估、投资审查、合作协议协商、集体决策、组建科技公司"八大关键步骤，构建优质科技成果遴选引入评价体系，推动科技成果"引得好、转得顺、孵得快"。

三是增强专业化论证。聚焦11个科技成果衡量维度，组建"技术专家委员会"和"经济性专家委员会"，开展综合论证分析，精准遴选转化高价值专利成果752项。

（三）软硬结合转化科技成果

一是提升孵化管控"软实力"。架构"技术、生产、质量、运营"管理和"资金、质量、市场"风险管控的"四管三控"服务体系，为科创团队提供全成长周期赋能增值服务。

二是筑牢中试服务"硬支撑"。推行中试共享体系，建成7条中试产线，打造西南地区电子产品研发中试共享基地。打通"研发—中试—生产"产品技术创新链，完成100余项国际领先的新技术新产品中试熟化。

三是打造"总院＋分院"强矩阵。推动建设重庆荣昌高新技术产业研究院、重庆两江明月湖高新技术产业研究院等两家分院，营造"区域联动、错位互补"的科技创新生态。

（四）循环资金浇灌孵化企业

一是建立市场化推进机制。提供科技项目筛选论证、工程化开发、企业孵化等公共服务，对具备技术先进性和市场前景的优质项目，以现金占股方式投资。

二是引入利益联结机制。打造"专利持有人及科创团队以知识产权评估值入股＋研究院、风投机构注资参股＋技术、经营团队现金跟投"利益联结模式，实现各方利益共享、风险共担。

三是探索退出接续机制。畅通风投接续投资、并购、IPO[①]上市等多种退出路径，打通"项目遴选、小试中试、产品上市、生成企业、退出接续"全链条通道，实现3～5年内国有资金对早期优质科技成果的滚动支持、循环利用。孵化落地"硬科技"企业57家，其中7家国家科技型中小企业，14家国家高新技术企业，实现孵化企业存活率100%。孵化的平创半导体获评国家专精特新"小巨人"企业，从仅有"一个教授""一张专

---

① IPO：首次公开发行。

利纸"的初创团队成长为产值近2亿元的企业。

三、经验启示

（一）把导入科技成果作为首要前提

科学客观评价科技成果仍是世界性难题。重庆高新院建立科技成果生成需求高效对接机制，精准遴选适配重庆产业发展的优质科技成果并实现高效转化。

（二）把推动中试熟化作为重点阶段

科技成果产业化必须解决产品良品率、设备工艺、成本控制等问题，重庆高新院创新提出中试共享体系，畅通新产品新技术试验出来、检测出来、生产出来链条，提供"好用、耐用、管用"的高科技产品。

（三）把强化要素协同作为重要支撑

受市场壁垒、制度壁垒、信息壁垒等制约，创新要素在组织间配置效率偏低。重庆高新院有效耦合科技、产业、金融、人才资源，精准滴灌支持成果孵化和企业生成，形成要素间协同互补、彼此赋能、整体优化的发展格局。

（四）把壮大科技企业作为具体落点

国内科技服务机构对科技企业后续发展关注较少，导致科技企业孵化存活率不高。重庆高新院聚焦科技企业全成长周期，构建科学化、标准化、规范化运作模式，提供从孵化项目引入到产品打入市场的全方位、全要素赋能增值服务，推动初创型科技企业发展壮大。

中国机械科学研究总院集团有限公司：以科技自立自强打造工业母机领域创新发展新引擎

【引　言】 2024年6月，习近平总书记在全国科技大会、国家科学技术奖励大会、两院院士大会上指出，"要聚焦现代化产业体系建设的重点领域和薄弱环节，针对集成电路、工业母机、基础软件、先进材料、科研仪器、核心种源等瓶颈制约，加大技术研发力度，为确保重要产业链供应链自主安全可控提供科技支撑"。中国机械科学研究总院集团有限公司（以下简称中国机械总院）以创新体系建设为抓手，加强能力建设，强化共性技术供给，全力服务国家重大战略。

【摘　要】 中国机械总院深入落实党中央、国务院关于科技自立自强的各项工作要求，以工业母机创新为主责主业，积极构建"一院两制"科技创新体系①，强化人才队伍建设，汇集11个国家级创新机构，建成多专业、多学科、跨地域联动型创新体系，持续增强共性技术供给，系统推进原创技术策源地建设，推动一批原创性引领性技术实现突破。

【关键词】 工业母机；科技自立自强

---

① "一院两制"科技创新体系："一院"指中国机械总院，是科技创新体系的主体和核心；"两制"指在中国机械总院内部实行不同的管理制度和创新机制。该体系一方面可保留和发扬科研院所在基础研究和前沿技术探索方面的优势，另一方面可引入市场机制，推动科技成果的产业化和商业化运作。

一、背景情况

中国机械总院实行以产权为纽带的母子公司式集团管理体制，总部定位为战略中心、投资中心和管理中心，各直属单位定位为技术中心、利润中心。中国机械总院拥有18家全资（控股）子公司。成立以来，中国机械总院始终服务于国家装备制造业发展，建有国家重点实验室、国家工程研究中心等11个国家级创新平台，累计取得各类科研成果7000余项，有力支撑了我国制造强国建设。

二、主要做法

（一）坚持深化改革，通过体系建设提升发展动力

深化科技创新改革，持续推进"一院两制"科技创新体系建设，遴选学科带头人、创新团队和专职科研人员，有力支撑行业科技创新能力提升。聚焦行业所需，在浙江、山东、福建、河南、江苏等地建设工业母机研发中试验证基地，服务企业数万家。全面开展国有企业改革深化提升行动，9家混改试点、科改示范等专项改革企业主要经济指标占中国机械总院比重超60%。深入落实创新人才激励机制，强化创新机构负责人专责，推动重大科技攻关取得新突破。夯实优秀科技人才队伍培养机制，以两院院士为人才基石，统筹推进识才、聚才、育才等改革创新，加快建设战略科学家队伍，强化科技领军人才、青年科技人才、高技能人才队伍自主培育。打造工业母机创新方向特色研究生院，与清华大学等13所高校开展卓越工程师、工程硕博士联合培养。

（二）坚持系统推进，通过能力建设强化技术供给

依托中国机械总院建设的国家重点实验室、国家工程研究中心等国家级创新平台，建成以北京怀柔科技创新基地、宁波象山科技创新基地"双核联动"的多专业、多学科、跨地域联动型创新体系，以平台统筹汇聚人才、资金、任务，增强行业共性技术供给。结合地方产业特色，强化央地联动，布局工业母机研发方向，现有创新平台覆盖我国三分之一以上省域，形成网络化、系统化的创新平台布局。建成先进制造工艺及关键零部件国家技术标准创新基地，承担4个ISO①秘书处、61个全国性标准化组织秘书处以及77个ISO技术对口工作。

（三）坚持顶层发力，通过系统谋划强化战略支撑

坚持"问题导向、场景牵引、中试验证、串珠成链"，牵头创建国家工业母机创新研究院，联动通用技术集团、国机集团等10余家央企，开展重大战略、重大政策、重大问题研究，有序推动共性技术研发与推广。按照"技术研发—装备研制—中试验证—推广应用"创新链闭环建设思路，围绕先进制造技术开展攻关布局，系统推进原创技术策源地建设。强化技术协同，与中国交建、东风汽车等多家央企联合承担国家科技攻关任务。推进成果转化，与中国航发、中国船舶、通用技术集团等央企开展协同攻关与创新联合体建设，加速首台套首批次产品转化应用。

三、经验启示

（一）深化体制机制创新，激活科技创新内生动力

发挥体制机制创新对科技型企业转型的引擎作用，以"一院两制"改

---

① ISO：国际标准化组织。

革为核心，构建科研与产业双轮驱动体系，通过混改试点、科改示范等专项改革释放创新活力，打通"战略科学家—领军人才—青年人才—高技能人才"全链条培养通道，同步推进特色研究生院建设，开展校企联合育人，形成"人才引育用留"闭环生态。

（二）强化跨域协同布局，构建网络化技术供给体系

以国家级创新平台为枢纽，打造"双核联动+多省覆盖"的开放式创新网络，通过央地联动、标准引领、资源统筹实现共性技术跨区域辐射。

（三）聚焦国家战略需求，打造生态化创新联合体

以创新联合体整合产业链资源，通过"问题导向—场景牵引—中试验证—串珠成链"模式，推动技术策源地与产业应用端深度融合，形成"需求对接—联合研发—成果共享"的生态化创新格局。

商飞软件有限公司：科技创新赋能大飞机产业信息化发展

【引　言】 2024年6月，习近平总书记在全国科技大会、国家科学技术奖励大会、两院院士大会上指出，"中国式现代化要靠科技现代化作支撑，实现高质量发展要靠科技创新培育新动能"。商飞软件有限公司（以下简称商飞软件）大力推动大飞机产业信息化，以科技创新引领产业创新，助力新型工业化建设。

【摘　要】 商飞软件以支撑国产商用飞机产业数字化转型、提升国产商用飞机软件基础和关键能力为使命，矢志成为国产商用飞机产业信息化的主力军。一方面，坚持创新驱动，聚焦瓶颈短板和技术需求，优化业务布局，统筹推进民航领域应用研究、关键技术攻关、创新平台建设、科技成果转移转化等各项工作，全面提升创新能力，增强产业发展内生动力。另一方面，着力构建产业生态，联合产业链上下游企业和合作伙伴，推动培育新业态新领域，畅通产业循环和市场循环，形成促进产业健康长效发展的新动能。

【关键词】 大飞机；科技创新；产业创新；产业信息化

一、背景情况

　　大飞机是衡量一个国家科技水平、工业水平和综合实力的重要标志，是我国以新型工业化推动实现中国式现代化的重要抓手之一。习近平总书记高度重视大飞机事业，多次强调"我们一定要有自己的大飞机"。2008年，中国商飞在上海成立，肩负起让中国大飞机翱翔蓝天的历史使命。商飞软件是中国商飞全资三级子公司，作为中国商飞软件研发的一支重要力量，依托中国商飞多年的管理、研发、制造、信息化经验沉淀，立足自主研发，聚焦基础补链、技术强链、融合延链，构建合作生态圈，加快推进向民航领域成果转化。

二、主要做法

（一）"自研+合作"，服务民航领域自主发展

　　一是自主研发，助力民航数智运营。积极参与"智慧民航"建设，围绕飞机高效运营，开展民机译码软件攻关，聚焦数据驱动、数据赋能、精准管控，对标国际一流，打造国产飞行数据译码与分析系统，译码速度较同类软件提升3～5倍。围绕飞机高效维修，研发国产飞机健康管理系统，基于自主飞机健康分析核心专利，建立100余个故障模型，综合评估飞机健康状况，提供智能化决策方案，应用于多家航空公司，成功避免数百起AOG[①]事件。

　　二是联合攻关，深化民机产品场景应用。联合中国气象局、成都航空、中国民用航空飞行学院等生态合作伙伴，发挥产学研平台作用，合作

---

① AOG：飞机停场。

研发计算机飞行计划软件系统。运用自研算法精准计算油耗，并通过算法模型与动态数据驱动，实现飞行要素的智能匹配，助力航司节油，降低碳排放与运营成本。

（二）"资源整合+应用牵引"，促进创新能力提升

一是整合资源，加快大飞机产业信息化。联合产业链上下游企业和合作伙伴，提升适配验证、实施支持、生态建设三大能力，推进系统评估与问题诊断、测试验证、协同支撑平台等基础环境建设，形成从底层硬件到上层应用的全技术链条布局。通过建设技术能力体系、搭建试验环境、聚集产业力量、形成自身能力等，推动由"机载软件研制"向"机载设备研制"延伸。通过不断完善机载软件研发生态圈，形成软件开发、硬件制造、集成测试、航司验证、适航取证全生态闭环。

二是多方合作，促进产业创新。深入推进企地合作，与成都市开展人才培养、产业支持、课题申报等深度合作。举办国产民机产业数字创新发展研讨会，加入"一带一路"建设合作发展联盟航空专委会，与电科航电、西南凯亚等西南区域行业企业深化合作，共建产业协同创新平台。先后与电子科技大学、上海交通大学、四川大学、中国科学院大学、中国民用航空飞行学院等高校开展校企合作，打造育才工程。

（三）"机制+工具"，深化技术创新体系建设

一是探索建设科技创新管理体系。创新科技研发模式，通过加强组织治理、建设项目"绿色通道"、明确项目负责人权责、加大中长期激励工具应用、完善监管体系等多项举措，持续激发项目科技创新能力和产出能力。通过建成阶梯式人才管理模型，探索数字化人员评估，打造商飞软件人才树，分类培育经营管理强、市场营销强、产品研制强、业务实施强"四强"核心队伍。引进经验丰富、技术扎实的高技术、高素质、高学历

"三高"青年科技人才，实现科技人才引领企业发展提质增效。商飞软件成为中国商飞第一家CMMI5[①]级企业，软件测评实验室获CNAS[②]认证。

二是构建完善技术体系和方法工具。依托中国商飞多年的管理、研发、制造信息化经验沉淀及探索实践，逐步建立技术创新体系，从完善研发体系、统一研发标准着手，深度融合ISO 9001、AS 9100等行业质量标准，着力推进技术研发标准化，构建核心技术管理规范和标准规范，形成具有通用技术基础特色的专业技术体系和知识管理体系，实现覆盖设计、仿真、制造、运营等大飞机研制流程的统筹管理，进一步提升研发效率。逐步完善面向新技术、新场景、新功能的全生命周期研制管理流程，伴随预研过程逐步形成标准工具集，为高效打造谱系化产品平台奠定坚实基础。

三、经验启示

（一）要发挥龙头企业引领作用

自主创新生态中，龙头企业的作用至关重要。以大飞机系统需求和接口要求为牵引，以最终实现装机应用为目标，以系统工程和适航管理为方法，就能够有效打通科学、技术、工程链路，提高科研工作的效率，加快研发成果的转化与推广应用。

（二）要注重标准规范体系建设

标准规范在科技创新过程中扮演着至关重要的角色，不仅是科技创新

---

① CMMI5：能力成熟度模型集成中的最高等级。
② CNAS：中国合格评定国家认可委员会。

的基础支撑，更是保障创新成果有效转化和应用的关键要素。围绕机载软件的安全性、可靠性，形成一系列通用的产品研制规范，在此基础上，着眼于产业长期健康发展，加强科技创新顶层设计，注重标准规范体系建设，确保科技创新有据可依、持续推进。

（三）要发扬艰苦奋斗的优良传统

商用飞机的机载软件是航空软硬件系统的关键组成部分，产品高度复杂，可靠性要求极高，研制难度很大。实践充分证明，我们在软件研发过程中要充分发挥"航空强国、四个长期（长期奋斗、长期攻关、长期吃苦、长期奉献）、永不放弃"的大飞机创业精神，以国内高素质软件人才、良好的基础建设为支撑，坚定信心，锚定目标、协同作战，从而形成攻克关键核心技术难题的强大合力。

二

构建以先进制造业为骨干的现代化产业体系

以科技创新引领新质生产力发展，统筹推进传统产业升级、新兴产业壮大、优势产业巩固提升和未来产业培育，加快构建以先进制造业为骨干的现代化产业体系。

北京市：创赢未来，打造世界领先未来产业策源高地

【引　言】 2024年6月，习近平总书记在全国科技大会、国家科学技术奖励大会、两院院士大会上指出，"要瞄准未来科技和产业发展制高点，加快新一代信息技术、人工智能、量子科技、生物科技、新能源、新材料等领域科技创新，培育发展新兴产业和未来产业"。北京市抢抓新一轮科技革命和产业变革机遇，积极促进未来产业创新发展，努力打造世界领先的未来产业策源高地。

【摘　要】 北京市锚定六大领域，重点布局20个未来产业方向，在实践中，探索形成了全市统筹"一张网"、工作推进"一条链"、投入增长"一股劲"、育新基地"一条路"、协同布局"一盘棋"等工作做法，基础研究、技术创新和产业化一体化部署，在产业生态、创新要素集聚，产业技术突破和产业人才培养等方面取得了显著成效。

【关键词】 未来产业；投入增长机制；创新举措

一、背景情况

2023年，北京市发布《北京市促进未来产业创新发展实施方案》（以下简称《方案》），锚定六大领域，布局20个未来产业方向，部署实施八大行动，抢占未来产业发展先机。《方案》提出，到2030年，北京市将形成一批颠覆性技术和重大原创成果，培育一批行业领军企业、独角兽企业，培养引进一批战略科学家、产业领军人才、产业经理人和卓越工程师；到2035年，集聚一批具有国际影响力和话语权的创新主体，成为全球未来产业发展的引领者。

二、主要做法

（一）完善工作机制，建立未来产业全市统筹"一张网"，实现各区全覆盖、领域全覆盖

市级部门和各区通过建立专班、成立领导小组等方式针对具体领域专项推进，部分领域由部门主要负责同志亲自抓，实现了各方向有人盯、各领域有人抓。市级层面紧密围绕各细分领域制定针对性政策，明确产业发展方向、路径，释放发展未来产业的积极信号。各区结合自身发展定位制定细则，强化落实，形成市区两级紧密衔接的制度体系。

（二）因地制宜建立未来产业投入增长机制，建立基础研究、技术创新和产业化一体化部署的"一条链"

围绕未来产业从孕育到壮大的发展轨迹，集中人才、资本、数据、平台、场景等5类创新要素推动产业发展。对已布局领域做好赛道分析和趋势研判，同时对低空技术、原子级制造等新涌现的技术方向进行跟踪。以

掌握硬科技的科学家和企业家为重点，培养一大批善于凝聚力量、统筹协调的科技领军人才和创新团队。发挥具身智能机器人创新中心、北京量子信息科学研究院、北京脑科学与类脑研究所等创新平台作用，凝聚产学研力量支持产业发展。设立8只总规模1000亿的市级政府投资基金，强化投小投早导向。强化场景牵引作用，森林防火无人机应用于长城保护试点，实现对八达岭长城全天候、智能化巡检；元宇宙数字体验综合体落地首钢园。

（三）打造涵盖资金、基金、信贷产品、孵化培育于一体的投融资平台，协力汇聚科技金融"一股劲"

坚持政府资金引导、基金领投、金融机构创新金融产品接续支持的方式，动员多渠道资本投入未来产业。制定"创赢未来"创新项目支持政策，举办"创赢未来"创新项目公开路演系列活动，组织市区政府引导基金和市场化私募股权基金、金融机构、孵化器、园区、高校等各方广泛参与。

（四）启动育新基地建设，探索集中资源、集中力量加快未来产业发展的"一条路"

在人工智能、光电子等领域成立10家市区共建、特色明显的育新基地，通过龙头企业孵化、创新平台引领、研发机构外溢等模式推动未来产业发展。如平谷合成生物育种基地探索龙头企业孵化模式，围绕保利中轻龙头创新生态，为国内外农业食品合成生物创新企业（团队）提供研发、中试等技术支持和实验条件，并匹配企业导师、产业资本等关键资源要素，赋能企业快速成长。朝阳电子城未来信息育新基地探索创新平台引领模式，搭建"IC/PIC①产业服务平台"，针对光电子领域，提供一站式、全流程和定制化的封装测试验证服务。集智未来通用人工智能育新基地探索研发机构外溢模式，提供算力调度、模型备案、数据集对接、产业研究、应用场景对接等专项服务，积极引进国内外人工智能领域高校、科研院所和知名企业专业技术人员的科研成果并进行本地转化，推动基地科技创新和产业发展。

（五）结合资源禀赋和产业基础，按照两个主要发展区和若干其他区的"2+N"产业布局，形成"主辅结合、优势互补、良性竞争、协同联动"的"一盘棋"

北京市部分区域已形成有重要影响力的未来产业集聚区。海淀区聚集近千家人工智能企业，约占全国人工智能企业的1/6。经开区建成北京市高级别自动驾驶示范区，成为自动驾驶新产品、新技术和新模式投放首选地。大兴区建成大兴国际氢能示范区，涵盖氢能"制储运加用"全产业链。昌平区形成了"两谷一园"创新发展格局，拥有国能北京低碳院、华能清能院等70余家能源领域研究院和科技创新型企业。

三、经验启示

（一）未来产业发展需要针对性政策支持

未来产业是"新"产业，从无到有的特点明显，经历从萌芽到企业再到产业的过程，需要聚焦产业成长的各个环节制定针对性政策。培育和加快未来产业发展，既要发挥政府引导作用，又要强化产业政策针对性，要着力打造创新策源、转化孵化、应用牵引、生态营造的产业培育链条。

---

① IC/PIC：集成电路/光电子集成电路。

（二）未来产业发展需要资本长期支持和政策贴身服务

　　未来产业创新是一个知识技术密集、资本投入高且风险高的过程，需要创业投资、天使投资、风险投资等不同类型的投资和长期资本来帮助其跨越"死亡之谷"。要培育懂科技、懂未来的"耐心资本"，发挥政府资金杠杆效应，带动社会资金投向科技早期领域；协同金融机构支持科技金融创新，创新适应科技企业特征的专属信贷产品；加快培育高质量创业投资机构，引导市场资金支持。

（三）未来产业发展需要多领域融合协同创新

　　未来产业具有多学科、多领域融合发展特点，需要加强协同攻关，形成推动新技术新应用产业化发展的合力。比如，人形机器人持续"进化"，少不了减速器、伺服电机等关键核心部件的不断优化，也离不开人工智能、神经网络等技术的协同创新；卫星互联网产业落地，需要和工业互联网、自动驾驶、大数据等紧密结合，拓展更丰富的应用场景。

上海市：高质量孵化器助力生物医药产业加速发展

【引　言】 2023年12月，习近平总书记在上海市考察时强调，"加快培育世界级高端产业集群"。上海市以进一步全面深化改革为强大动力，推动"基础研究、孵化转化、临床试验、审评审批、落地生产、推广应用"全过程加速和全链条赋能，全力打造世界级生物医药产业集群。

【摘　要】 针对生物医药领域早期科研成果在验证、转化、孵化等过程中存在的问题，上海市加快建设莘泽智星港（以下简称莘泽）、ATLATL飞镖创新中心（以下简称飞镖）等高质量孵化器，开展超前孵化、深度孵化、孵投联动，促进重大科技成果转化和产业化，加速孵育高成长性创新企业，不断塑造新动能。

【关键词】 高质量；孵化器；生物医药

一、背景情况

为更好带动产业转型发展，孵化更多硬科技企业，上海市持续提升科技孵化器服务能级，推进高质量孵化器建设。2023年6月，《上海市高质量孵化器培育实施方案》发布，提出到2025年培育不少于20家高质量孵化器。通过加快培育一批产业领域聚焦、专业能力凸显、示范效应明显的高质量孵化器，带动全市孵化器从基础服务向精准服务、从集聚企业向孕育产业、从孵化链条向厚植生态转变，引领创新创业高质量发展。

二、主要做法

（一）加快搭建专业技术平台

聚焦孵化企业发展需求，高质量孵化器通过自建或与高校院所、龙头企业、服务机构合作等方式，搭建实验检测、概念验证、小试中试等平台，并提供专业化的服务。如：飞镖与美天旎等跨国医药龙头企业合作建设细胞免疫研究中心等15个以上专业化的研究中心（实验室），并提供驻场CRO服务和研发管理，可为创业企业承担研发工作中一半以上的工作量，并降低置办仪器的时间成本和资金成本。莘泽建设了先进生物实验室、先进生物试验资源和设备共享信息系统等，提供高标准实验室和CRO协助，降低创业门槛。

（二）积极探索超前孵化

面向新领域新赛道，高质量孵化器着力打造从论文、科学家、科技成果到创新公司的"超前"孵化路径，强化"概念验证"核心功能，陪伴科学家成长和科技成果落地转化。如莘泽建立"概念验证经理人"制度，运用工程思维，坚持规划、技术、产品、投资、知识产权"五位一体"，打造"科学家CSO[①]+概念验证PM/BD[②]团队支持+共享中心后台支持"的概念验证模式，通过组建概念验证科学顾问委员会、建设概念验证中心，为科学家项目提供研发资助、实验设备运维、人力资源匹配等系列服务，已开展合成生物、基因治疗等前沿项目验证10余个。与复旦大学等合作举办以"行业科技概念验证"为切入点的"2024全球生命健康科技概念验证大赛"。

（三）持续强化孵投联动

聚焦"投小、投早、投长、投硬科技"，鼓励高质量孵化器加快设立早期硬科技投资种子基金，深化概念验证、股权投资联动探索，助推成果转化项目加快发展壮大。如飞镖联合诺和诺德发起"星起点"计划，共同筛选、资助和培育创新项目。莘泽在原有2只天使投资基金的基础上，新发起设立1只概念验证基金。上海生物医药产业母基金、上海未来产业基金等政府基金主动对接相关高质量孵化器，探索通过共同设立子基金，更好发挥高质量孵化器在参与早期风险投资中挖掘成果价值、高效配置资源的作用，加快形成涵盖"风险投资—创业投资—产业投资"的投资体系。

（四）不断拓展国际合作网络

支持高质量孵化器在海外设立分支机构或创新基地，强化与海外高校院所、龙头企业等的协同联动，完善"全球研发—跨境孵化—上海转化"服务链，加速前沿领域海外创新项目来沪落地，实现"走出去""引进来"双向融通。如飞镖已与12家国际企业（机构）建立深度合作关系，合作伙

---

① CSO：首席科学官。
② PM/BD：项目管理/商务拓展。

伴能够将产业合作资源注入飞镖平台，共同赋能创新企业。通过在新加坡等地成立创新平台，打造本土创新和国际市场对接的联结枢纽，为转化和孵化POC①阶段项目搭建国际化通道。

三、经验启示

（一）人才牵引是核心

高质量孵化器建设离不开一流人才和运营团队，紧紧围绕"人才牵引"，打造核心人才引领、顶级导师助推、专业团队服务的创新创业生态，通过强有力的人才团队，为生物医药企业孵化发展提供全方位的指导和支持。

（二）专业能力是关键

当前，提供办公室场地、商事代办等基础服务已远不能满足生物医药企业创新创业的需求。高质量孵化器必须以专业化、标准化、系统化的服务取胜，关键是要链接创新链、人才链、产业链、资金链、供应链等多方面的"强资源"，做强各类专业"大平台"、拓展测试验证、基金投资、场景开放等"硬服务"，满足生物医药初创企业科研成果转化、临床测试等方面需求，帮助初创企业提升自身技术水平和创新能力。

（三）政策支持是保障

较一般科技孵化器，需要给高质量孵化器提供更大力度的政策支持。上海市组建市区两级的服务保障机制，配备服务专员，定期跟踪高质量孵化器有关工作进展情况，协调解决孵化器及其孵育企业遇到的困难和问题。

---

① POC：概念验证。

温州市乐清市：打造以县域为主导的电气产业集群

【引　言】 2023年9月，习近平总书记在浙江省考察时强调，"把实体经济作为构建现代化产业体系的根基，引导和支持传统产业加快应用先进适用技术，推动制造业高端化、智能化、绿色化发展"。温州市乐清市正聚焦电气产业转型升级，巩固提升全产业链核心优势，加快打造具有全球竞争力的国家先进制造业集群，实现传统产业与新质生产力相互促进、融合发展。

【摘　要】 温州市是中国改革开放先行区、民营经济重要发源地，40多年来，凭借"四千"精神[①]，打造了以乐清市为核心的国内低压电气全产业链生产制造基地，乐清电气产业集群成为国家先进制造业集群。近年来，乐清市坚持走新型工业化道路，锚定打造世界级智能电气产业集群总目标，加快运用新技术赋能电气产业改造提升，不断催生新业态新模式，立足集群区域优势、聚焦电气产业整链提升，坚定不移走智能技改、数字赋能、绿色升级之路，通过平台赋能、培优育强、协同创新、融通发展，构建"大企业顶天立地、小企业铺天盖地"的集群生态，助推传统电气产业由"块状经济"向"集链成群"焕新发展。

【关键词】 电气集群；传统产业；转型升级

---

① "四千"精神：浙商在创业过程中形成的一种强烈的创业精神，具体表现为"走遍千山万水，想尽千方百计，说尽千言万语，吃尽千辛万苦"。

一、背景情况

乐清市是浙江省块状经济发展的典型代表，低压电气占全国市场份额6成以上，素有"中国电器之都"的美誉。近年来，乐清电气产业集群以数字化转型为牵引，持续迭代创新动能，不断巩固全产业链核心优势，形成了"链主制造＋链群配套"协同创新、协同精益、协同智造的特色模式，加快推进电气产业高端化、智能化、绿色化发展，并取得新突破。

二、主要做法

（一）聚焦"链式协同"，助力传统产业加"新"

一是突出"平台赋能"。坚持科技创新与产业创新深度融合发展，系统构建以中国赛宝（东南）实验室、西安交通大学雁荡山电气研究院、温州大学乐清工业研究院为核心的创新平台体系，为企业研发、中试、检测、产业化提供高质量、全过程服务。与工业和信息化部电子第五研究所共建的中国赛宝（东南）实验室投运，精准针对本地企业转型，建立新能源汽车、电池等中试平台。推进大孵化集群发展建设，推行"龙头企业＋孵化基地"建设模式，层层构建孵化链条，产业链创新链不断完善。

二是强化"融通发展"。构建电气集群完整的全产业链，促进中小企业嵌入链主企业供应链生态圈，形成大中小企业蓬勃发展的"热带雨林式"生态体系，截至2024年底，累计培育国家制造业单项冠军企业4家，国家专精特新"小巨人"企业47家，拥有省级专精特新中小企业432家。强化"链条内"联合创新，构建"链主企业＋大学（研究院）＋产业链上下游企业"创新联合体，协同攻关产业链上下游关键技术。完善产业链垂直分工协作体系，形成产业链完善、配套成本低、开发新品快的"1小时"

供货闭环，覆盖电力能源输电、变电、配电产品200余个系列、6000余个种类、2.5万个型号，本地产业链配套率超85%。

三是拓展"跨界融合"。支持企业联合建立电气领域共性技术中心，加强智能电网、电气成套装备、新能源用电器等关键核心技术攻关和产业化，引导更多传统电气企业切入新赛道，推动产业"多元发展"。推动低压电气向产业链上下游延伸拓展，加快电气产业与新能源装备、新能源汽车产业融合发展，向光伏、风电等绿色发电领域延伸，形成覆盖电力行业"发、输、变、配、用"及管理运营各环节的产业生态。引导电气产业革新基础材料，优化基础工艺，如正泰集团建立石墨烯创新中心，研发了通过石墨烯均匀包覆铜粉、产生导电率更高的"超级铜"材料，赋能未来电气行业。

（二）聚焦"数智制造"，助力传统制造向"新"

一是实施全链条数智化转型。大力开展"千企智能化改造""车间物联网改造"等专项行动，梯次推进"智能制造单元—智能生产线—数字化车间—智能工厂"分步改造提升。支持链主企业协同注塑、冲压、电子组件等10余项关键零部件企业开展数字化改造，发挥智能电气产业大脑综合集成服务能力，在业内推行"轻量化数改、样本化推广"新模式，打造"1个产业数仓、1份标准合同、1批示范样本、1套应用教案"新样板，帮助中小企业快速借鉴和学样仿样，提升集群数字化改造覆盖面。

二是实施全过程绿色化升级。强化绿色低碳政策支持，构建"国家—省—市—县"4级绿色工厂培育体系，累计培育国家级绿色工厂16家、绿色供应链管理企业4家，省级绿色工厂27家，参与绿色设计产品标准编制超百项。创新推动碳足迹试点工作，联合中国电子节能技术协会发布电气产品"碳标签"团体标准，构建"企业碳排放核查—碳标签—碳链管理—减碳增效—产业升级"模式，相继推出"碳画像五色图""低碳码"，落地

"碳标签碳足迹评价"认证基地，完成48家企业产品碳足迹评价。入选浙江首批低碳试点县，构建"近零碳工厂"评价体系，培育建成"近零碳工厂"20家，企业"含绿量"显著提升。

三是实施全方位数据价值化变革。建成投运浙江云谷磐石云数据中心，聚集京东智联云数字经济浙江区域总部、泰尔实验室（乐清）、超级计算中心等数字经济前沿项目。建设投运华为（浙南）区块链创新中心、西门子工业软件创新赋能中心等数字经济平台，有效支撑电气产业数字化转型。深化产业数据价值化改革，发布智能电气产品主数据标准。

（三）聚焦"生态优化"，助力产业集群焕"新"

一是探索创新人才引育新模式。针对产业专业人才缺乏等问题，乐清市建立"科技副总"柔性引才机制，通过嫁接大院名校资源，选聘专家教授担任企业"科技副总"，帮助企业攻克关键核心技术难题、推动科技成果转化。出台"柔性引才实施办法"等系列举措，精准对接高端产业、优质项目和顶尖人才，共引进院士专家团队6个、设立省级以上博士后工作站17个。

二是加快构建要素配置保障新机制。打造"数据得地"快速供地机制，对企业进行赋分排名，为"发展前景好、产值增长快、亩均效益高"的优质企业优先供地。坚持拓增量、挖存量相结合，开展老旧工业区块改造，2022—2024年新增老旧厂房改造项目195个，新增改造面积约161万平方米。

三是全力打造开放合作新格局。推进电气产业国际化发展，实现跨国技术合作，推动德力西、环宇等本土企业与施耐德、伊顿等世界500强企业合作，连续24年举办中国电器文化节，加大外贸自主品牌建设，打造国家级外贸转型升级基地，培育浙江名牌出口企业16家、海关AEO[①]高级认

---

① AEO：经认证的经营者，是中国海关针对进出口企业实施的一项信用管理机制。

证企业6家，电气产品和服务进入全球197个国家和地区、覆盖"一带一路"沿线80%以上国家。

三、经验启示

（一）以"链式协同"提升产业能级

通过搭建从研发端到生产端、再到产品端的全服务创新平台，引导多个链主企业带动链群企业组建创新联合体，促进产业链分工协作更加紧密，产业链供应链更具韧性。

（二）以"数智制造"提升制造能级

通过加大政策支持和激励力度，分类分层实施智能化技改、数字化转型、绿色化升级，大力推行轻量级、低成本、易部署的中小企业数字化改造模式，探索碳足迹评价、碳标签认证，实现传统产业焕新发展。

（三）以"生态优化"提升集群能级

创新推出"科技副总""数据得地""老旧改造"等新机制，为企业发展提供全要素全方位保障，着力打造一流集群发展生态，为传统产业转型升级提供可借鉴、可推广的新路径。

宁德市：铸链建群，培育壮大动力电池产业集群

【引　言】 2024年10月，习近平总书记在福建省考察时强调，"牢牢守住实体经济，巩固传统产业优势，大力推动转型升级，培育壮大战略性新兴产业，前瞻布局未来产业，因地制宜发展新质生产力，塑造产业发展新优势"。福建省宁德市聚焦发展新质生产力，找准动力电池产业赛道，通过顶层设计"谋规划"、精准服务"强培育"、链条延伸"建集群"，做强做大动力电池产业集群，打造名副其实的"中国新能源电池之都"。

【摘　要】 福建省宁德市通过一系列措施，着力建设先进制造业集群，推动新型工业化纵深发展。10余年间，宁德市动力电池产业集群产能实现了从0到330吉瓦时的飞跃。主要做法包括5个方面。一是找准赛道，孵化出宁德时代等龙头企业，快速切入动力电池市场，做大产业龙头。二是精准招商，出台锂电新能源产业政策，吸引80余家产业链企业入驻，补链强链延链，形成全产业链、多业态布局。三是规划引领，政企共编产业规划，打造产业集群。四是创新驱动，整合创新资源，完善知识产权保护机制，搭建技术攻关平台，保持高研发投入，增强发展动力。五是精准服务，传承践行习近平总书记在福建省工作期间大力倡导的"四下基层"①"马上就办、真抓实干"工作作风，为动力电池产业集群创造高质量发展环境。

【关键词】 新型工业化；动力电池；产业集群

---

① "四下基层"：即宣传党的路线、方针、政策下基层，调查研究下基层，信访接待下基层，现场办公下基层。

一、背景情况

宁德市坚持"抓龙头、铸链条、建集群、延业态"的思路，从无到有、从小到大、从点到面，通过山海联动，形成了由点串线、由线拓面、相互支撑、梯次布局的产业发展格局，打造具有全球影响力的动力电池产业集群地标。10余年间，宁德市动力电池产业集群实现了从0起步到330吉瓦时的产能飞跃。2022年，宁德市动力电池产业集群成为国家先进制造业集群。

二、主要做法

（一）找准赛道，做大产业龙头

习近平总书记在闽东工作期间明确指出，闽东发展的动力在于工业，2010年视察宁德市时，习近平总书记寄予宁德市"多上几个大项目，多抱几个'金娃娃'，加快跨越式发展"的殷切嘱托。"十二五"时期，宁德市敏锐把握机遇，推动宁德新能源科技公司转型，成功孵化出宁德时代，快速切入动力电池市场。为确保宁德时代等项目顺利推进，宁德市委、市政府提级服务，成立锂电新能源产业发展指挥部，实施高效管理，保障项目按时建成投产。宁德时代2016年产值破百亿，2018年在深圳证券交易所上市。为进一步支持宁德时代发展壮大，宁德市委、市政府累计提供近7000亩项目用地，并规划蕉城时代、福鼎时代和龙安千亿配套三大基地项目，派驻专人常态化进驻龙头企业，实时掌握企业需求，点面结合、分类施策、及时解决，巩固宁德时代行业领先地位。

（二）精准招商，补链强链壮链

借力宁德时代龙头虹吸效应，通过企业年度供应商大会、主旨论坛、世界储能大会等平台，积极推介宁德市。瞄准产业链头部企业精准招引，与第三方智库及龙头企业紧密合作，分析缺失环节，梳理需求清单，编制产业地图、产业发展战略研究报告及招商指引等，实现产业链关键项目的可视化精准导航，已成功吸引80余家产业链企业入驻，形成"材料—工艺—设备—电芯—模组—电池包—电池管理系统—材料循环再生"全产业链技术布局，有效保障产业链供应链安全稳定。同时，以"全球新能源看宁德"为目标，出台《关于加快推进"电动宁德"建设的实施意见》，通过打造更多电动化试点示范，为新场景方案寻找市场，培育产业增长新能级，支持龙头企业扩展应用新场景、布局储能新赛道，推动光储充检、电动船舶、换电重卡、电动矿卡、电池租赁、海上牧场、低空航空器等一批新模式新业态项目落地。

（三）规划引领，打造产业集群

政企共商产业发展方向，共编宁德市新能源电池产业规划，推动发布《福建省人民政府关于支持宁德市开发三都澳建设新能源新材料产业核心区的意见》，制定《宁德市动力电池国家先进制造业集群培育提升三年行动方案（2023—2025）》。针对龙头企业迅速扩能需求，着重加大要素资源保障力度和项目建设一线的服务工作，建立"片区一线指挥、县（区）属地负责、市级协调督促"的工作机制，推动各片区挂图作战。蕉城车里湾基地从选址到首栋主厂房建成仅用20个月；福鼎基地交地即交证、拿地即开工，实现"当年签约、当年建设、当年投产"。同时，积极推进锂电新能源产业链项目全域布局，引导时代一汽、福鼎时代等龙头项目沿海县域布局，带动杉杉科技、屏南时代等高端产业链项目沿山区县域布局，形成你追我赶、竞相发展的产业格局。

（四）创新驱动，增强发展动力

加快创新资源供给，始终把支持企业创新作为最优先事项，搭建技术攻关平台，整合创新资源，建成电化学储能技术国家工程研究中心，福建省、宁德市、宁德时代共建中国福建能源器件科学与技术创新实验室（宁德时代21C创新实验室），有力促进全产业链协同创新，攻克了一批核心技术。支持产业链企业保持高水平研发投入，全产业链研发投入占全产业链产值6%以上，企业研发活动覆盖面超50%。创新知识产权保护机制，成立中国（宁德）知识产权保护中心和宁德市知识产权司法保护协同中心，提供管家式服务，缩短专利申请周期，保障技术创新优势。举办世界储能大会，吸引国内外院士、专家学者齐聚宁德市，权威解读能源战略与储能产业发展方向，交流前沿技术，为新能源新材料产业发展建言献策。

（五）精准服务，打造无忧环境

积极践行"四下基层""马上就办、真抓实干"的工作作风，针对产业发展需求，主动对标国际先进规则，借鉴国内先进城市做法，为动力电池产业集群创造高质量发展环境。深入实施"1137"营商环境工程①，出台《关于打响"宁德服务"的意见》《关于推进"益企宁德"惠服务的若干措施》等多项暖企政策和《宁德市促进锂电新能源产业链发展的七条措施（修订）》，推动干部驻企服务、政策落地落实，与企业心连心，做到"有求必应、无事不扰"，推动企业良性发展。出台《关于实施新时代"三都澳人才"强市战略的实施意见》等70余项发展规划、配套政策，持续加大优质教育、医疗资源供给，与北京师范大学合作共建北京师范大学宁德实

---

① "1137"营商环境工程：打响1个"宁德服务"，落实好1张营商环境提质攻坚任务清单，健全分级调度、督查督办、投诉举报处理及奖惩3项制度，加快建设一体化政务服务、工程审批管理系统、电子证照系统、公共信用信息、数字化监测督导、中小企业信用融资、公共资源交易区块链等7个平台。

验学校，与上海市第一人民医院合作办医，引进培养众多人才。

三、经验启示

（一）顶层设计"谋规划"

紧跟国家政策导向、产业发展方向、技术变革走向，通过政策引导和支持，推动产业集群发展。出台促进动力电池产业政策，实行"小专班"服务"大产业"模式。针对龙头企业迅速扩张的需求，加强资源保障，提升项目建设服务。政企共编产业规划，共谋产业布局。

（二）精准服务"强培育"

践行"四下基层""马上就办、真抓实干"的工作作风，弘扬"滴水穿石"闽东精神，一任接着一任干，为集群龙头企业提供"宁德服务"，促进宁德时代等集群龙头企业高质量发展，巩固其在全球锂电产业的领先地位，带动动力电池产业集群的快速成长。

（三）链条延伸"建集群"

通过集群龙头企业的虹吸效应，精准招商，吸引产业链上下游企业入驻，打造产业生态。通过绘制产业地图，实现产业链关键项目的可视化精准导航，补齐产业链条。以"全球新能源看宁德"为目标，扩展应用新场景、探索储能新赛道，催生孵化新模式新业态项目。打造电动化试点示范，为新场景方案寻找市场，培育产业增长新能级。

青海省海西蒙古族藏族自治州：树立世界盐湖产业发展典范

【引　言】 2024年6月，习近平总书记在青海省考察时强调，"青海承担着维护生态安全的重大使命，产业发展必须坚持有所为、有所不为，着力培育体现本地特色和优势的现代化产业体系"。青海省海西蒙古族藏族自治州（以下简称海西州）统筹推动顶层设计、科技创新、绿色发展、数字赋能、企业培育、标准引领，助力青海省加快建设世界级盐湖产业基地。

【摘　要】 近年来，青海省海西州深入贯彻习近平总书记关于加快建设世界级盐湖产业基地的重要指示批示精神，认真落实青海省政府、工业和信息化部共同推动建设世界级盐湖产业基地各项工作，坚持生态优先、绿色发展，有所为、有所不为，统筹推动《青海建设世界级盐湖产业基地行动方案（2021—2035年）》《建设世界级盐湖产业基地规划》等任务落实，实施盐湖化工产业链长制，开展关键核心技术攻关，强化盐湖产业绿色转型发展和数字赋能，加大优质企业培育扶持，深化对外开放和国际交流合作，完善标准体系建设，促进盐湖产业向高端化、智能化、绿色化转型发展，探索具有中国特色的盐湖产业发展路径。

【关键词】 盐湖产业基地；现代化产业体系

一、背景情况

2021年以来，海西州深入贯彻习近平总书记关于加快建设世界级盐湖产业基地的重要指示批示精神，认真落实青海省政府、工业和信息化部共同推动建设世界级盐湖产业基地各项工作，坚持生态优先、绿色发展，有所为、有所不为，以促进盐湖资源规范有序开发、产业绿色发展为主线，强化产业项目建设，推动盐湖产业高端化、智能化、绿色化发展，开展关键技术攻关，加大优质企业培育，深化对外开放合作，助力青海省建设世界级盐湖产业基地取得积极成效。全州已具备1100万吨钾肥、500万吨纯碱、10万吨金属镁、15.6万吨碳酸锂、102万吨聚氯乙烯等产能，产业集聚效应不断增强，初步形成"钾、钠、镁、锂、氯"五大产业集群。2024年钾肥（实物量）、碳酸锂、纯碱产量分别为748.9万吨、13.4万吨、490.3万吨，分别同比增长4.8%、22.3%、5.6%。

二、主要做法

（一）统筹谋划建设蓝图

以《青海建设世界级盐湖产业基地行动方案（2021—2035年）》为纲领，锚定2035年基本建成世界领先水平的现代盐湖产业体系发展目标，配合出台并推动落实《建设世界级盐湖产业基地规划》，制定《青海省盐湖产业发展规划（2020—2030）》《格尔木盐湖绿色产业园区总体规划》，从产业政策、产能布局、循环示范、科技创新、数字赋能等方面综合发力，统筹推动盐湖产业高质量发展。建立健全盐湖化工产业"链长制"，围绕产业链抓招商、抓创新、抓人才、抓保障、抓服务，系统推进盐湖产业补链、强链、塑链等，全面提升盐湖产业发展能级。

（二）打造技术创新策源地

聚焦产业发展需求，布局建设创新平台，为钾、镁、锂盐产品制备和工艺提升提供技术支撑。截至2024年底，全州盐湖领域建成国家级、省级科技创新平台58个，突破一批关键技术，有力支撑资源高效开发利用。如"盐湖老卤制备无水氯化镁关键技术"项目突破氯化镁脱水难题；"帅才科学家负责制"项目研制的镁基超稳矿化土壤修复材料，为解决酸性农田土壤稻米镉超标难题提供了思路与方法。

（三）打造绿色发展示范地

引导盐湖企业利用新技术、新装备、新工艺对钾肥、纯碱等生产线进行节能、节水、降污技术改造，进一步提高能效利用和盐湖资源综合利用水平。深化盐湖产业与新能源产业融合发展，推行分布式发电、新能源供热等新型供能模式，开展清洁电能替代，以绿色能源赋能盐湖产业绿色发展。如蓝科锂业2万吨/年碳酸锂项目配套的太阳能供热工程，采用类线性菲涅耳聚光集热技术，设计标准年供热量约88万吉焦，可替代超3000万立方天然气，减少二氧化碳排放约6万吨，为盐湖提锂产业提供清洁、高效、接近零碳的传统能源替代方案。加强绿色工厂、绿色矿山创建，全州10家盐湖企业获评省级绿色工厂，其中7家同时获评国家级绿色工厂，建成马海钾矿等8座国家级绿色矿山。

（四）打造"数字盐湖"新模式

聚焦质量管控、设备管理、能耗管控等关键环节，在钾肥生产、锂盐提取、钠盐加工等领域，加快新一代信息技术与盐湖产业全过程、全要素深度融合，打造数字化转型典型场景，建设数字化转型标杆工厂。深入开展全州盐湖企业数字化转型成熟度评估诊断，加快建设"数字盐湖"。如盐湖股份成立产学研用为一体的"5G+盐湖产业"创新应用联合实验室、建成"5G+采盐船自动控制"系统、"智能盐湖"工业互联网平台，实现钾肥生产工艺、设备、能源数据的自动采集，财务、合同、采购、销售、仓储、物流等数智赋能。

（五）打造企业培育地+区域合作示范地

坚持以特色产业培育优质企业，以企业发展带动产业提升，壮大行业龙头企业，培育专精特新中小企业。全州110家盐湖企业中共有国家级专精特新"小巨人"企业3家、省级专精特新中小企业12家、高新技术企业10家、科技型企业24家、创新型中小企业9家。盐湖股份入围2023中国制造业企业500强和中国大企业创新100强。引入央企中国五矿集团，与青海省企业共同组建中国盐湖工业集团，发挥央企资金、技术、人才、管理等优势，打造建设世界级盐湖产业基地主力军。发挥龙头企业在盐湖选矿与开采技术等方面优势，积极推动国际交流合作。

（六）打造先进标准引领地

加快推进完善盐湖领域基础通用、工程建设、资源勘查开采等标准，以全流程标准体系支撑世界级盐湖产业基地建设。成立服务世界级盐湖产业基地标准化工作专班，探索盐湖产业相关重点科研项目与标准化工作联动机制。2024年指导盐湖股份等企业制定发布《察尔汗水采盐田晒矿工艺》《煤制甲醇二氧化碳尾气生产纯碱技术规程》等地方标准、行业标准、团体标准及企业标准共42项。支持州内企业参与钾、锂、镁、硼等重点产品标准制修订，已牵头制定盐湖产品标准448项。

三、经验启示

（一）始终坚持和加强党的全面领导

海西州盐湖资源经过60多年的开发逐步实现了从小到大、从弱到强、从单一到综合、从简单粗放开发到高端精细利用，党的领导是盐湖产业取得如今发展成就的根本保障。在新时代新阶段，要切实把思想和行动统一到习近平总书记3次考察青海省时的重要讲话精神上来，始终沿着习近平总书记为青海省盐湖资源综合开发利用擘画的宏伟蓝图前进，为维护国家粮食安全、能源安全、促进民族地区共同富裕作出新贡献。

（二）始终坚持科技创新根本动力

海西州盐湖资源开发从最初的"手拉肩扛、土法上马"生产出新中国第一袋钾肥，到现在的"智能盐湖"、梯级开发综合利用，工业产品正逐步实现从原料型、初级加工型向精细化、高端化、高值化转变，整个过程无不体现着科技的力量。要坚持把创新作为第一动力，持续贯彻落实好创新驱动发展战略，积聚力量进行盐湖资源开发关键核心技术攻关，不断提高盐湖科技创新水平，为促进盐湖产业高质量发展贡献更大科技力量。

（三）始终坚持以新发展理念引领高质量发展

海西州地处高寒干旱内陆盆地，自然生态环境脆弱敏感。立足新发展阶段，要持续深入学习贯彻习近平经济思想和习近平生态文明思想，坚持把新发展理念作为行动先导，以新发展理念引领高质量发展。要正确处理盐湖产业高质量发展与高水平保护的关系，全面打造协调互联、绿色低碳循环发展的产业生态，推动盐湖产业由追求增速规模向高质量发展转变、发展动能由资源依赖向创新驱动转变、产业分工由价值链中低端向高端迈进转变。

合肥高新区：以科技创新铸造先进制造业基石，加快推进产业深度转型升级

【引　言】　2024年10月，习近平总书记在安徽省考察时指出，"要加快科技创新和产业转型升级"。合肥高新区以科技创新为引领，持续推动创新链产业链资金链人才链深度融合，加快推进产业转型升级。

【摘　要】　合肥高新区是1991年经国务院批准的首批国家高新区之一，聚焦"科学—技术—创新—产业"的内生发展之路，在新一代人工智能、量子信息等前沿技术、颠覆性技术和产业化方面取得重大突破。合肥高新区主要围绕高水平创新和高质量发展推进产业深度转型升级。在高水平创新方面，主要推进"科大硅谷"[①]等重大平台建设，打造高质量平台公司，加强人才引进和知识产权保护。在高质量发展方面，合肥高新区在产业发展方向选择、产业智能化治理和产业发展要素供给等方面形成了自身的工作经验。

【关键词】　科大硅谷；高质量平台公司；产业智能化治理

---

① "科大硅谷"：聚焦创新成果转化、创新企业孵化、创新生态优化，以中国科学技术大学等高校院所全球校友为纽带，汇聚世界创新力量，发挥科技体制创新引领作用，立足合肥市区域新空间打造的科技创新策源地、新兴产业聚集地示范工程。

一、背景情况

合肥高新区自1991年立区以来，始终坚持"发展高科技、实现产业化"，充分发挥科教资源集聚的资源禀赋，培育了人工智能、集成电路、光伏新能源、量子信息、生命健康等一批新兴产业，不断推进制造业转型升级和高质量发展。合肥高新区作为合肥综合性国家科学中心核心区，承接合肥国家实验室、深空探测实验室、国家智能语音创新中心等一批国家级重大创新平台，承担国家在量子信息、深空探测、类脑智能等领域重大核心技术攻关任务，为产业创新发展提供不竭动力。

二、主要做法

（一）高水平创新方面

一是依托"科大硅谷"建设推进科技成果转化。2022年，安徽省正式启动"科大硅谷"建设。作为"科大硅谷"核心区，合肥高新区持续探索科技创新体制改革。高水平建设创新平台，探索与高校院所、协会、龙头企业等主体合作，共建新型研发机构，已落地中国科学技术大学先进技术研究院等各类新研机构25个，累计孵化企业超1000家。开展源头技术"淘金"计划，探索实施"赋权+转让+约定收益"的职务科技成果所有权改革。构建"国家科技型中小企业—国家高企—高成长企业—专精特新企业—上市企业"的多层级企业梯度培育体系。遴选支持"科大硅谷"全球合伙人，通过"团队+基金+载体"的模式，实现一栋楼就是一个产业链、一个新兴产业摇篮，已落地海尔海创汇等合伙人14个。

二是依托"管委会+公司"改革打造高质量平台公司。聚焦开发区功能定位，以国有集团公司为载体，构建集投资、建设、园区运营、企业服务、担保等功能为一体的平台公司体系。基金领域，牵头打造基金丛林，构建覆盖企业成长全周期的金融服务体系，基金超200只，总规模超2600亿。设立种子基金、天使基金，投资项目120个，参与合肥高新区内超80%上市企业、专精特新企业早期投资。

三是围绕人才引培与知识产权保护加强制度创新。人才引培方面，打造全球人才云聘会品牌和开发区"企业家大学"；创新设立三大特色产业高级职称评审委员会，赋予50家关键核心技术企业"人才举荐权"。知识产权保护方面，设立知识产权审判庭，组织设立知识产权人民调解委员会，构建"一站式"知识产权保护综合服务平台；开设优先审查、集中审查和快速预审等快速通道。

（二）高质量发展方面

一是精准谋划产业发展方向。合肥高新区产业集群的形成主要遵循两种路径。一种路径是跟随本地产业发展的整体规划，找准自身的定位。纵观合肥市从家电到屏幕到芯片的产业发展历程，合肥高新区始终紧跟其步伐，积极引入美的、格力等品牌，家电产值占合肥全市家电产值的50%，奠定了园区工业基础。集成电路方面，重点布局相关研发设计企业，引进联发科、杰发科技等企业，并推动与装备制造、新能源汽车、人工智能等主导产业深度融合，打造特色芯片产业板块。另一种路径是通过"有根企业"[①]的培育，推动产业集群自然生长。合肥高新区两个千亿级的新兴产业就是通过"有根企业"培育带动产业集群形成的。如借助科大讯飞的牵引力，合肥高新区集聚人工智能产业链企业超1500家，形成覆盖人工智能核心技术研发、物联网、大数据等领域的完整产业链。

二是加强产业智能化治理。2018年起建设安徽省区域经济大脑，创

---

① "有根企业"：具有深厚积淀、在某一地区或产业拥有稳固地位和持续发展能力的公司。

新开展数据为企服务模式，汇聚20余个政府部门、9家资质第三方和海量互联网的数据，收纳企业工商、税收、知识产权、投贷款等数据并动态更新。依托区域经济大脑，搭建针对人工智能产业的中国声谷大数据平台，实现对企业链、产业链、技术链的智能分析。

三是以场景创新驱动产业创新。2021年合肥市创新打造"全域场景创新之城"，2022年在合肥高新区设立场景创新促进中心，集聚场景资源、构建场景生态、搭建传统及新兴产业桥梁，推动制造业转型升级。

四是创新工业用地全域治理。结合"寸土寸金"和"寸地难求"现状，努力"向存量要空间"，建立"健康体检"和"土地管家"制度，引入土地评估师等第三方"柔性"服务，提升空间治理能力。改革优化项目推进机制，升级打造"一次见面、诉求清单""内部统筹、并联推进"服务模式。设立"项目推进服务专班"，领办、帮办各类建设程序，项目开工时间平均提前超50天，多个项目"四证齐发"①。

三、经验启示

（一）把准绿色化和智能化2个方向

抓住通用人工智能产业发展机遇，推动人工智能赋能千行百业，培育壮大数字经济。以新能源产业为核心，推动绿色经济，持续壮大光伏新能源产业，积极培育氢能、新型储能、核能等未来产业。

---

① "四证齐发"：建设用地规划许可证、建设工程规划许可证、不动产权证、施工许可证等"四证"一起发放，让企业在取得不动产权证的第一时间具备实质性开工条件，做到"拿地即开工"。

（二）遵循"市场+资本+工程"3大逻辑

遵循市场逻辑，发挥市场机制信息灵敏、激励有效、调节灵活、平等开放等优势，由市场驱动产业快速发展。遵循资本逻辑，给予资本增长和获利的空间，积极鼓励资本市场多维度发展，发挥政府基金撬动作用，激发民间投资活力，引导更多的社会资本支持产业创新和扩张。遵循工程逻辑，将产业培育工作工程化、模块化，组建专班，打造懂产业、企业、投资的专业团队，挂图作战，持续推动产业快速发展。

（三）做优营商环境1个中心工作

政府工作的核心是构建良好的营商环境，在全国统一大市场的要求下，各级政府，特别是基层政府，要深入研究做优营商环境这个永恒课题，持续在政策、资本、场景等多维度做好要素保障，营造良好生态。

三

推进信息化和工业化深度融合

抢抓数字技术变革机遇，推动健全促进数字经济和实体经济深度融合，推进信息化和工业化深度融合，推动制造业加速向数字化、网络化、智能化发展。

苏州市："智改数转网联"助力新型工业化"走深走实"

【引　言】 2024年11月，国家主席习近平在2024年世界互联网大会乌镇峰会开幕视频致贺中指出，"我们应当把握数字化、网络化、智能化发展大势，把创新作为第一动力、把安全作为底线要求、把普惠作为价值追求，加快推动网络空间创新发展、安全发展、普惠发展，携手迈进更加美好的'数字未来'"。近年来，苏州市统筹部署制造业"智改数转网联"工作，聚焦企业转型发展难题，加快推进数字经济和实体经济深度融合。

【摘　要】 近年来，苏州市统筹推进制造业"智改数转网联"，强化政策支持，全面推进5G网络建设与发展，大力引育工业互联网平台，精心培育行业标杆，打造典型应用场景，加强"5G+工业互联网"服务商队伍建设，持续提升服务能力，企业满意度和改造积极性显著提升。

【关键词】 5G+工业互联网；智改数转网联

一、背景情况

苏州市深入贯彻落实国家和江苏省关于加快产业数字化、数字产业化战略决策，聚焦企业转型发展难题，切实解决企业不敢转、不想转等痛点难点，大力推动规上工业企业"智改数转网联"，部分典型做法被广泛复制。截至2024年底，累计建成5G基站5.95万个，入选全国5G工厂67家，获评省级"5G+工业互联网"融合应用先导区4个；培育国家级双跨平台1个、省级重点工业互联网平台52个。

二、主要做法

（一）强化政策支持

构建完善政策体系，相继制定并实施《关于全力打造"工业互联网看苏州"品牌的若干措施》《苏州市加快推进工业互联网创新发展三年行动计划（2021—2023年）》《"工业互联网看苏州"品牌创新提升行动（2023—2025）》《苏州市智能化改造数字化转型网络化联接三年行动计划（2024—2026）》等一系列专项政策措施，全面系统搭建政策框架。开展免费"把脉问诊"，通过政府购买服务方式，为企业免费提供"智改数转网联"诊断服务，带动企业根据诊断方案实施改造，提高技改投入。

（二）筑牢信息基础设施底座

全面推进5G网络建设与发展，发布《苏州市5G建设发展考核奖补实施办法》，激励电信运营企业加大5G基站建设和5G行业应用投入。大力加强工业互联网平台引育与建设，累计引育16个国家级工业互联网双跨平台，培育本土国家级双跨平台1个、国家级特色专业型平台21个、省级重点工业互联网平台52个。构建"5G+工业互联网"安全保障体系，支持基于工业网络信息安全的专业化工业互联网平台建设，打造一批工控安全试点示范企业。

（三）加强标杆引领与宣传推广

精心培育行业标杆，筛选一批基础扎实、技术能力强、行业水平高的重点企业，开展标杆示范引领行动。加强企业交流学习，鼓励各类示范企业开放先进技术和应用场景，参与标准制定，带动产业链上下游企业共同发展。定期组织企业间学习交流活动，促进先进经验共享与推广。通过"苏州工信"等官方平台发布"智改数转网联"优秀案例，深入介绍典型企业成功实践与先进做法。依托苏州市智能制造融合发展中心（暨国家级工业互联网平台体验中心），以新技术、新产品、新平台和新解决方案4个维度全面展示苏州市在5G、工业互联网、工控安全等领域发展概况。

（四）打造典型应用场景

建立涵盖机器视觉、辅助装备、远程运维、智能物流等多个典型应用场景的"5G+工业互联网"融合应用场景库，成功培育一批典型解决方案供应商。积极打造5G全连接工厂，推进5G设备与各类工业终端深度融合，持续加大对5G全连接工厂的指导支持力度，强化示范引领和经验推广。全力打造"5G+工业互联网"融合应用先导区，着力培育一批"5G+工业互联网"融合创新应用新场景、新模式、新路径，加快推动装备制造、电子信息、新材料、生物医药等重点产业数字化转型。

（五）提升服务能力

坚持引培并举，积极引进徐工汉云、海尔卡奥斯等工业互联网双跨平台，以及中国信息通信研究院江苏研究院、中国工业互联网研究院江苏分院等科研机构，加强"5G+工业互联网"服务商队伍建设。集结苏州市工业经济联合会、紫光云等23家具有影响力的企事业单位共同发起成立工业互联网产业联盟，初创成员包括全市工业信息领域397家核心企业和科研机构。推出政策解读、场景开放、供需对接、人才培训和金融支持等多元服务，承办"5G+工业互联网"领域赛事活动，打造良好产业生态。

三、经验启示

（一）聚焦关键技术，打造创新优势

深度契合苏州基础和技术趋势，充分协调"产学研用"各方力量，布局突破5G融合网络、5G-A[①]、人工智能等关键技术，促进智能制造迈向更高水平，为打造全球领先地位的"智造之城"提供强大支撑。

（二）聚焦链式协同，构建活力生态

围绕全产业链培育一批高质量特色产品，打造全国重要的"5G+工业互联网"产品研发基地。加快产业链供应链的协同转型，积极推动各环节企业间数据共享、资源互补与流程协同，提升整体产业效能与竞争力，构建更具韧性与活力的产业生态。

（三）聚焦典型场景，加快融合应用

推动"5G+工业互联网"向各行业应用广泛渗透，聚焦5G+超高清视频、5G+机器视觉等典型应用场景，打造特色鲜明的"5G+工业互联网"行业应用基地。扎实推进中小企业数字化转型，通过定制化服务、低成本方案及政策倾斜，助力其跨越数字化门槛。

---

① 5G-A：5G的演进和增强。

景德镇市：以数字化转型为千年瓷都新型工业化注入新动能

【引 言】 2023年10月，习近平总书记在景德镇市考察时指出，"要集聚各方面人才，加强创意设计和研发创新，进一步把陶瓷产业做大做强，把'千年瓷都'这张靓丽的名片擦得更亮""努力构建先进制造体系、打造世界一流直升机企业"。景德镇市时刻牢记习近平总书记殷殷嘱托，把数字化转型作为加快新型工业化的重要路径，坚持标准引领，"五个一"系统推进，"点线面"结合，不断加速制造业数字化转型，为千年瓷都新型工业化注入新动能。

【摘 要】 景德镇市聚焦主导产业，围绕"降本提质增效"，坚持系统化推进、链群化发展、精准化服务，从推进机制、政策引导、考核评价等方面持续发力，完善"入企诊断、改造实施、贯标评价"全流程服务，强化服务、平台、人才等全要素支持，构建全面、精准、高效的供给体系，加快推进全市制造业数字化转型进程。

【关键词】 数字化转型；陶瓷产业；航空产业

一、背景情况

景德镇市被誉为"千年瓷都",是一座依靠陶瓷产业支撑千年发展的城市,也是中国直升机工业的摇篮。随着数字技术的普及和应用,新技术、新模式不断涌现,以传统产业为主的千年瓷都对数字化转型的需求日益迫切。为此,景德镇市聚集主导产业,坚持标准引领,"点线面"协同推进,积极引导企业投身数字化改造,推动规上工业"智改数转网联",全市制造业数字化水平明显提升,特色优势不断彰显,形成了良好的数字化发展生态,为传统产业数字化转型提供了"景德镇路径"。景德镇市陶瓷产业获评全国中小企业特色产业集群,直升机产业集群获评江西省先进制造业集群。

二、主要做法

(一)加强统筹谋划,实施系统化推进

一是坚持标准引领。以江西省《制造业企业数字化发展水平评价指南》《江西省制造业数字化转型评价指标体系(试行)》等一系列数字化转型标准文件为指导,将企业数字化水平分为"转型准备""基础爬坡""集成提升""创新领航"4个阶段和10个等级,为企业数字化转型提供清晰的转型指引。

二是强化平台监测。建立数字化转型发展指标动态监测体系,集成制造业数字化转型关键指标、重要数据,打造上下联通的企业数字化转型公共服务管理平台,全面系统掌握全市数字化转型发展态势,实行全方位、全天候动态管理,第一时间发现问题、解决问题,有力保障数字化转型进程,提升数字化转型质量。

三是完善工作机制。制定"五个一"工作机制，系统推进制造业数字化转型，包括：制定一个方案，即《景德镇市制造业数字化转型工作要点（2024—2025年）》，明确目标、工作重点和具体任务，细化"时间表""路线图"；建好一个专班，即景德镇市推进制造业数字化转型联席会议办公室，将数字化转型工作纳入工业强市重点事项，"挂图作战"、定期调度、协调推进；出台一套政策，出台《景德镇市关于支持制造业数字化转型的若干措施》及各县（市、区）、园区配套政策；建强一批平台，中国陶瓷工业互联网平台落地运营，市县两级数字化转型综合服务平台启动建设；开展一系列活动，相继组织系列宣贯、培训、对接活动，着力增强企业数字化转型信心和内生动力。

（二）锚定特色优势，促进链群化发展

一是突出点上示范。紧密结合本地产业实际，聚焦陶瓷、航空、精细化工和医药三大主导产业，积极培育一批"数字领航"企业，以"降本提质增效"为重点，组织实施昌飞"数字航空"、黑猫集团"数字黑猫"、乐华陶瓷"5G+龙头工厂"等一批重点数字化转型项目，通过发挥头雁作用，引领其他企业乘"云"而上、借"数"发展。昌飞获批省级"数字领航"企业，金意陶、乐华陶瓷获两化融合管理体系AAA级评定。

二是推进航空产业链式协同转型。以省级航空产业集群数字化转型试点为契机，发挥昌飞等龙头企业带动作用，引领昌兴航空、九由航空、天一航空、神州六合等一批产业链配套企业建设"小灯塔""数智工厂"，带动航空产业链自动化、智能化、数字化水平实现整体提升。

三是注重陶瓷产业集群扩面。针对陶瓷领域中小企业较多的产业特点，不断探索陶瓷产业数字化转型新路径。建成陶瓷行业工业互联网平台——中国陶瓷工业互联网平台，汇聚陶瓷企业1945家，上架陶瓷商品22676个，获评工业和信息化部特色专业型工业互联网平台和江西省工业互联网标识解析

十大典型应用案例。积极搭建"景德镇制"陶瓷数字化管理系统，为"景德镇制"区域品牌陶瓷产品丰富数字溯源能力，为陶瓷产业发展数智赋能。深化产业集群整体数字化改造，以陶瓷工业园区为主平台，不断完善园区数字基础设施，推行数字化管理，强化工业互联网建设。

（三）优化供给体系，提供精准化服务

一是强化"看样学样"。加强宣贯培训，对市县两级工业和信息化主管部门干部和规上工业企业开展标准化、规模化的轮训，相继组织长三角G60科创走廊—景德镇重点产业数字化转型对接会、数字化转型专题"企业服务日"、重点行业数字化转型专题座谈会等一系列活动，积极营造良好的数字化转型氛围。

二是强化"上门服务"。推动服务商深入规上工业企业开展宣贯、评价、诊断，为企业提供专业化"顾问+雇员"式服务，促进企业与服务商建立长期联系结对机制，"一企一档"形成产业数字化发展水平评价监测报告，帮助企业评估自身数字化发展水平，明确改造方向。

三是强化"精准供给"。加快构建数字化转型服务体系，组织数字专员队伍，遴选一批优质数字化服务商，分行业分类型建设数字化转型服务商资源池。同时，紧密结合企业需求，遴选市场需求紧、应用效果好、经济适用强的"小轻快准"数字化转型产品及解决方案，通过全方位、"定制化"的服务为企业数字化转型助力。

三、经验启示

（一）组织领导是保障

景德镇市在江西省委、省政府的坚强领导下，加强统筹谋划，坚持书记"挂帅",市领导靠前指挥,将推进制造业数字化转型作为重中之重,明确工作目标、层层压实责任,抓好落实落地。完善协同推进机制,建立专项联席会议机制,市级层面每月召开推进会,定期调度工作进展。

(二)标准引领是关键

根据自身特色,制定符合不同区域、不同企业生产实际的评价标准体系是保障数字化转型实施科学性的重中之重。景德镇市全面系统分析当地行业发展现状和需求,帮助制造业企业明晰数字化转型路径。

(三)降本增效是导向

企业作为数字化转型的投入主体,是降本增效的直接受益者,也是转型成败的决定性因素。景德镇市坚持问题导向,针对部分企业"不想转、不敢转、不会转"的情况,通过强化"看样学样"、培训宣贯、政策激励,让企业看出信心、学出动力、转得安心,激发其数字化转型内生动力。

(四)优化服务是重点

坚持因企施策,结合地方产业特色优势,依托江西企业数字化转型公共服务管理平台,实时监测企业数字化转型进程,"一企一档"形成全市所有规上企业产业数字化发展水平评价报告,帮助企业评估自身数字化发展水平,明确改进方向。聚集陶瓷、航空、精细化工和医药等主导产业,分门别类召开多场行业专题对接会,对不同行业、不同企业深入研判,统筹考虑企业共性需求和个性特点,做到"企有所需、我有所应"。加快建设数字化转型服务商资源池,提供丰富的"小快轻准"产品及解决方案,不断健全完善数字化转型服务体系,为制造业数字化转型提供有力支撑。

广州市：数智引领，多管齐下推动制造业向"新"提质升级

【引　言】 2023年4月，习近平总书记在广东省考察时强调，"要深入实施创新驱动发展战略，加强区域创新体系建设，进一步提升自主创新能力，努力在突破关键核心技术难题上取得更大进展"。广州市围绕建设"全国先进制造业基地"，大力推进新型工业化，以数智为引领，夯实基础、抓实应用，推动制造业"智改数转"，积极培育新产业、新业态、新模式，在产业转型升级中加快发展新质生产力。

【摘　要】 近年来，广州市坚持"产业第一、制造业立市"，以数智为引领，加快制造业智能化改造和数字化转型，持续推动产业转型升级，全力打造数产融合标杆城市。一方面"抓应用"，推动数字技术和制造业全流程、全领域深度融合，构建以平台企业为牵引的产业链数字化转型模式、以龙头企业为牵引的供应链数字化转型模式，培育"产业互联网平台+产业链群"新模式，实施"诊断+治疗"模式的"四化"赋能专项行动①，3家企业入选全球"灯塔工厂"。另一方面"强支撑"，不断夯实标识解析顶级节点、工业互联网平台、5G网络、人工智能算力中心等新型基础设施，大力培育数字产业集群，累计打造3个国家级"双跨"工业互联网平台以及15个国家级特色专业型工业互联网平台。

【关键词】 数字化转型；智能化改造；产业互联网

---

① "四化"赋能专项行动：一项旨在推动制造业转型升级的行动计划，包括数字化转型、网络化协同、智能化改造、绿色化提升等4个方面。

一、背景情况

广州市拥有41个工业大类中的35个，形成了汽车、新一代电子信息制造等6个千亿级先进制造业产业集群。近年来，广州市围绕建设"全国先进制造业基地"，大力推进新型工业化，提出坚持"产业第一、制造业立市"，出台《广州市数字经济促进条例》《广州市深化工业互联网赋能 改造提升五大传统特色产业集群的若干措施》《广州市推进制造业数字化转型若干政策措施》等文件，从立法保障、顶层设计、分类施策、精准扶持等方面，大力推进制造业数字化转型和智能化改造，打造具有国际影响力的数产融合标杆城市。

二、主要做法

（一）抓实应用牵引、分类推进，构建制造业转型新体系

一是构建以平台企业为牵引的产业链数字化转型模式。采用揭榜挂帅方式，面向纺织服装、美妆日化、箱包皮具、珠宝首饰、食品饮料五大产业集群，推动建设致景科技纺织服装平台、中浩控制美妆日化平台等5个"1+2+N"[①]行业特色数字化转型公共平台。扎实推进国家级、省级中小企业数字化转型城市试点，遴选盖特软件、蜂巢互联等19家平台企业作为产业链数字化转型牵引单位，面向产业链上中小企业研发、生产、经营等环节，提供数字化产品和行业系统解决方案，推动产业链上下游中小企业转型。针对中小企业转型需求迥异、转型预算有限等问题，加强"小快轻

---

① "1+2+N"：面向每一个行业或产业集群，形成行业解决方案服务商、跨行业跨领域平台等两方组成紧密合作的建设主体，协同N个数字化转型合作伙伴，通过建设行业级工业互联网平台，打造行业数字化转型解决方案。

准"产品供给，打造"1清单1平台1适配库"①，推动中小企业低成本、快速化转型。

二是构建以龙头企业为牵引的供应链数字化转型模式。围绕智能网联新能源汽车、绿色石化与新材料、超高清视频与新型显示、半导体与集成电路等重点产业，支持龙头企业发挥带动作用，形成协同采购、协同制造、协同配送的应用解决方案，赋能上下游、产供销、大中小企业协同发展。遴选广东省纺织集团、比音勒芬等龙头企业作为中小企业数字化转型试点的供应链数字化转型牵引单位，以商业订单拉动供应链企业"上云上平台"，以开放数字系统接口实现链上关键生产和运营数据互联互通，最终实现各生产制造环节高效协同。实施"定制之都"示范工程，以数字化转型推动规模化个性定制，在家居、汽车、智能终端等领域培育一批规模化个性定制产业链龙头企业，定制家居产业规模超千亿。

三是培育"产业互联网平台+产业链群"新模式。加快推动数字技术在消费品领域融合应用，支持平台企业整合产业链上下游，与跨境电商等新业态融合发展，实现资源数字化、生产柔性化、产业链协同化，提升产业链整体效率和竞争力。如希音创新服装领域"小单快反""在线零售+按需生产"的数字化柔性供应链模式，形成链接设计师、服装企业、从业人员和用户的产业新生态，帮助中小品牌商家拓展全球销售渠道。

四是实施"诊断+治疗"模式的"四化"赋能专项行动。聚焦制造业数字化转型、网络化协同、智能化改造、绿色化提升，按照费用上"政府补一点、企业出一点、平台让一点"的原则，推动上线"穗智转"公共服务平台，遴选5家国家级智库机构，制定"四化"评估诊断工作规范标准，免费为333家企业提供"四化"诊断服务，推动120家企业开展"四化"改造。

---

① "1清单1平台1适配库"：制定"小快轻准"产品供给清单，建设"小快轻准"公共服务平台，打造"小快轻准"产品适配库。

（二）强化平台建设、基础支撑，构筑数字化转型新底座

一是持续建设工业互联网标识解析体系。部署建设的工业互联网标识解析国家顶级节点（广州），截至2024年底，接入二级节点59个，涵盖26个重点行业，集聚企业超4.5万家，累计标识解析量超386亿次，形成粤、桂、闽、琼4省份协同发展之势。

二是加快建设新型基础设施。全面部署新一代通信网络，出台《广州市实施广网畅联行动工作方案》，截至2024年底，累计建成5G基站约11万座，5G用户超2000万户，位居全国前列；持续推动5G规模化应用，入选全国首批"5G+工业互联网"融合应用先导区试点城市、首批5G应用"扬帆"行动重点城市。加快建设算力设施，广州人工智能公共算力中心获批建设全国首批国家新一代人工智能公共算力开放创新平台。推进国家工业互联网大数据中心广东分中心建设，深化工业大数据应用。

三是大力培育数字产业集群。建设广州人工智能与数字经济试验区。开展"人工智能+"行动，14个人工智能应用场景入选国家人工智能创新应用先导区"智赋百景"名单。大力培育工业互联网平台，先后培育3个国家级"双跨"工业互联网平台，面向纺织服装等特色产业集群打造15个国家级特色专业型工业互联网平台。如致景科技的工业互联网系统"飞梭智纺"，截至2024年底，已接入全国9000多家纺织企业、70多万台织机，自动匹配供需双方的订单和产能资源，助推工厂实现"人、机、料、法、环"高效协同。

三、经验启示

（一）凝聚共识是前提

推进制造业数字化转型，是一项复杂且具有挑战性的关键任务，需全社会形成共识、凝聚合力。尤其对于企业而言，数字化转型是典型的"一把手"工程，企业数字化转型首先要从企业"一把手"的认识转型开始。因此必须加强宣贯引导，通过线上平台、线下专题会议、暖企服务等形式，大力开展政策解读、交流培训、专场对接等活动，形成推进数字化转型的良好氛围。

（二）平台、企业是核心

一方面，要加强工业互联网等平台培育，提升平台服务商的服务水平，提供更多解决方案。面向时尚消费品领域推广应用"产业互联网平台+产业链群"模式，挖掘培育基于消费数据的智能仿真测款、柔性制造、数字营销等新场景，打造数字化柔性供应链。另一方面，要强化企业服务，引导企业建立专门团队、制定推进计划，支持企业将数字化转型作为企业长期规划来执行，积极协调解决企业在数字化转型过程中遇到的难题。

（三）产业生态是关键

加大政府统筹力度，引导制造企业、平台企业、第三方机构充分发挥自身作用，强化制造业数字化转型政策支撑、产品供给、场景应用，针对性提升产业基础能力，共同构建数字化转型支持体系。进一步完善制造业诊断评估和数字化技术应用水平评价标准体系以及工具赋能体系，形成制造业数字化转型工作闭环。加快培育数字产业集群，为数字化转型提供强大动力。

中国第一汽车集团有限公司：向"智"转型，赋能企业高质量发展

【引　言】　2020年7月，习近平总书记在吉林省考察时强调，"现在，国际上汽车制造业竞争很激烈，信息化、智能化等趋势不断发展，对我们来讲有危有机，危中有机。一定要把关键核心技术掌握在自己手里，我们要立这个志向，把民族汽车品牌搞上去"。中国第一汽车集团有限公司（以下简称中国一汽）全面实施技术创新与管理革新，促进先进制造与数字技术深度融合，重塑汽车制造模式，努力成为引领中国汽车行业高质量发展的排头兵。

【摘　要】　中国一汽以大数据、工业物联网为技术底座，开发数字工艺平台、工程师工作台、生产中控平台，实现全维数字孪生，实现"商品车下线、数字化车上云"。通过制定战略规划、配置优势资源、优化业务流程等措施，构建了高质量、高柔性、高效率的智能制造体系。创新打造云原生智慧能源管控平台，实现能源使用地图透明化和实时自适应调节；构建全过程可视化数字孪生工厂与数字孪生车，实现整车制造全过程数据记录与透明可视；实施全过程人工智能质量预测，颠覆传统质量监控和检查模式；创新自适应柔性制造新模式，实现不限平台、不限车型生产。这些创新举措大幅缩短产品开发周期、整车生产准备周期和计划订单交付周期，显著降低质量管控综合成本和单车能源消耗。

【关键词】　智能制造；柔性制造；数字孪生

一、背景情况

近年来，随着人工智能、大数据、物联网等高新技术的日益成熟与广泛应用，以及全球范围内对高效、高质量生产模式的迫切需求，在技术创新与政策导向的双重推动下，汽车制造业正以前所未有的态势，向全面数字化、深度智能化新阶段转型升级。在此背景下，中国一汽积极响应时代号召，致力推动先进制造技术与数字技术深度融合，成功搭建工业物联网平台，建成红旗繁荣智能工厂和解放J7整车智能工厂，实现"商品车下线、数字化车上云"，为汽车制造业智能化转型树立了新的标杆。

二、主要做法

（一）强化顶层设计

秉承"高端、智能、绿色"的设计理念，明确基于中国一汽开发的云原生平台，构建具有高质量、高柔性、高效率业态特征，全过程数据透明化运营以及绿色能源、绿色技术、绿色治理规模化应用的智能制造体系。组建集团级工作组及专家组，强化智能工厂建设项目统筹；组建联合战队，以敏捷式开发方式保障各子项目顺利落地。建立智能制造人员能力标准及智能制造培训体系，营造企业数字化转型氛围，培养智能制造人才。

（二）推动平台化管理

基于"短周期、低风险、低碳节能"的目标，建设应用中国一汽云原生智慧能源管控平台，推动能源管理颗粒度从工厂级向产线设备级转变，电泳设备、照明设备、烘干设备、空调设备等高耗能装备可根据生产计划实时自适应调节，数据自动分析及推送，2024年实现碳减排14290吨，能源费用节约20%。构建全过程可视化数字孪生工厂与数字孪生车，基于物联网技术，完成179类1.6万套关键装备的联网和全量数据采集，建成一套架构先进的数字化运营平台，满足计划、生产、物流、质量、能源和设备等全业务链数字化管理需求。平台通过53万个数据采集点及数据治理，实现整车100%关键特征数据获取、整车制造全过程数据记录与透明可视，形成"一车一档"，实现"商品车下线、数字化车上云"。

（三）优化业务流程

深度融合先进制造与数字技术，以大数据、工业物联网为技术底座，以系统覆盖、数据治理、员工赋能为基础，开发数字化车、生产指挥中心、项目管理驾舱等可视化应用平台，以可配置交付、共享协同及质量零缺陷等业务方向推进业务数字化和数字业务化，优化生产流程，实现智能化管理，打造高效、灵活、可持续的制造体系。实施全过程人工智能质量预测，聚焦冲焊涂总生产的关键参数，创新开发全过程质量监控、追溯和预测技术，构建人工智能辅助决策模型，应用于焊点质量预测、漆膜质量预测、拧紧质量智能监控分析等七大智能场景，关键工序100%防错、关键参数100%监控和全过程质量追溯，颠覆传统质量监控和检查模式，实现工艺参数从设计到生产执行的自动备份、智能校验且可追溯的全生命周期管理。

（四）推动制造模式创新

创新自适应柔性制造新模式，聚焦焊装柔性化技术难点，构建以模式重构、柔性切换、动态调整为典型特征的自适应柔性化生产线，主产车型通过转台切换主夹具，小产量车型创新应用智能立体库、"三明治"式工装（夹具层、托盘层、AGV①层柔性组合）及智能AGV切换主夹具，颠覆传统生产线的多面体及滑台结构，在量产生产线上实现了不限平台、不限车型生产。

三、经验启示

中国一汽通过创新打造以数字孪生、数字化车为理念的新型生产模式，实现对生产流程的实时监控与优化，提升了生产的灵活性与效率。自适应柔性化生产线支持多种车型的混线生产，增强了生产线的适应能力。同时，利用人工智能技术进行过程质量预测，有效降低了废品率，提高了产品质量。这些创新场景的开发与综合应用，构建起以智慧运营和智慧产线为基本架构的全新智能制造模式，实现了服务定义工厂及多组织协同智能决策，为制造业智能化发展提供了借鉴参考。

_____

① AGV：自动导引车。

海南金盘智能科技股份有限公司：数字引擎助推智造提速

【引　言】　2024年12月，习近平总书记在海南省考察时强调，"要着力构建具有海南特色和优势的现代化产业体系。促进科技创新和产业创新深度融合，推动旅游业、现代服务业、高新技术产业、热带特色高效农业等主导产业补链延链、优化升级。"海南金盘智能科技股份有限公司（以下简称金盘科技）通过研发新技术、开发新产品、开辟新赛道，加快推进数字化转型。

【摘　要】　金盘科技将数字化转型作为公司战略，以实现自身全面数字化转型及对外输出数字化工厂整体解决方案为核心，布局建设多座数字化工厂。通过数字化转型促进企业产能规模成倍增长、资源利用效率和周转率大幅提升、能耗成本大幅下降、产品质量及品牌竞争力迅速提升。

【关键词】　数字化转型；信息化和工业化融合

一、背景情况

金盘科技是集研发、生产、销售和服务于一体的新能源电力系统配套提供商。2013年，金盘科技制定中长期的信息化和工业化融合战略规划，组建以董事长为总指挥，涵盖信息技术专家、业务分析师和管理人员的数字化转型团队；2016年自主研发并实施制造执行系统，形成完整的生产制造信息化平台；2017年成立智能科技研究院进行数字化系统的研发和实施；2019年全面开展集团整体数字化转型，以数字化技术深度赋能企业提质增效高质量发展。金盘科技以实现自身全面数字化转型及对外输出数字化工厂整体解决方案为核心，将数字孪生等前沿科技和传统制造技术深度融合，布局建设多座数字化工厂，成倍提高了劳动生产率和产品质量，如2020年投产的海口数字化工厂，2022年建成后，产能较数字化转型前提升约124%，产出额提升约163%，库存周转率提升约185%。

二、主要做法

（一）搭平台贯通业务

依托自研的工业互联网平台JST DFPlat，促进ERP[①]、MES[②]等系统间数据互联互通，实现包含市场、研发设计、生产管理、销售、产品交付的端到端全流程业务贯通，推动运营全过程数字化、可视化、透明化、规范化。

---

① ERP：企业资源计划。
② MES：制造执行系统。

（二）研技术赋能制造

组建专业数字化团队，加大研发投入，截至2024年底，金盘科技在制造模式创新和数字化工厂整体解决方案方面共拥有核心技术28项、软件著作权73项。通过对外输出数字化工厂整体解决方案，为装备制造、生物医药、物流仓储等众多企业提供定制化数字化转型服务。

（三）从数据挖掘财富

在国内成功建设数座数字化工厂，积累数据资源、激活数据要素，将数据转化为具有经济价值的资产。2024年，金盘科技数据资产在福建大数据交易所挂牌，正式进入数据要素转化为数据资产阶段。

（四）重低碳提倡环保

通过自研综合能源管理系统，实现园区生产各个环节用电用能数据实时采集、远程控制、建模分析和调控管理。将园区内自建的屋顶光伏、电动汽车充电桩、储能电站和新型节能空调系统等资源组成虚拟电厂的可利用资源，实现园区能源数字化管理，多能互补。2024年，金盘科技能源消耗总量5686.95吨标准煤，能源消耗强度0.0082吨标准煤/万元收入，温室气体排放量下降45.86%，获碳足迹认证产品16个。海口数字化工厂获评国家级绿色工厂、零碳工厂。

三、经验启示

（一）制定战略规划是数字化转型的前提

金盘科技将数字化转型作为公司战略，制定中长期的信息化和工业化融合战略规划，组建以董事长为总指挥的数字化转型团队，统筹开展数字化转型工作。

（二）自研核心技术是数字化转型的关键

金盘科技通过自主研发和应用核心技术推动数字化转型，在制造模式创新和数字化工厂整体解决方案方面拥有核心技术28项、软件著作权73项。对数据资源进行全面核查和精准识别，形成数字化工厂数据产品、综合能源管理数据与算法等五大核心数据资产，推动数据资产化。

（三）专业技术团队是数字化转型的支撑

金盘科技通过组建数字化专业团队，包括信息技术专家、业务分析师和管理人员，确保转型计划与企业的整体战略相一致。构建全员数字化思维文化，培养开放和创新的企业文化，为全员提供与数字化相关的教育和培训，提高数字素养。鼓励员工参与数字化转型过程，并提供反馈，以不断改进和优化转型策略。

美的集团股份有限公司：探索企业数字化转型新模式

【引　言】 2023年2月，《求是》杂志发表习近平总书记重要文章《当前经济工作的几个重大问题》，其中指出，"传统制造业是现代化产业体系的基底，要加快数字化转型，推广先进适用技术，着力提升高端化、智能化、绿色化水平"。为主动适应和引领数字化变革，实现从传统制造业企业向科技企业的转变，美的集团股份有限公司（以下简称美的集团）积极推动实施"科技领先、用户直达、数智驱动、全球突破"四大战略，全面推进数字化转型。

【摘　要】 美的集团积极拥抱数字化时代变革，持续推动数字化转型，实现了研发、制造、供应、销售、服务全价值链数字化运营，全产业链资源整合能力和协同效率显著增强，各项经营指标显著改善。美的集团的实践充分体现了数字化转型对企业高质量发展的促进作用。

【关键词】 数字化转型；智能体；人工智能

一、背景情况

美的集团是一家集智能家居、工业技术、楼宇科技、机器人与自动化、美的医疗、安得智联六大业务板块为一体的全球化科技集团，拥有美的、小天鹅、东芝、COLMO、Teka、美芝、科陆、CLIVET、Arbonia、库卡医疗、万东医疗和安得智联等多品牌组合。美的集团在全球拥有超400家子公司、38个研发中心和44个主要生产基地，业务覆盖200多个国家和地区。近年来，美的集团聚焦六大业务板块，坚持"科技领先、用户直达、数智驱动、全球突破"四大战略，持续加大在数字化转型方面的投入，布局和投资前沿技术和领域，实现ToC[①]和ToB[②]业务并重发展，成功打造6家"灯塔工厂"。

二、主要做法

（一）大力推进数字化营销管理

在营销领域，持续推进"DTC[③]战略""无忧零售2.0""一盘货仓网融合"及数字化工具整合等数字化升级，通过云仓库存共享，现货满足率提升13%，全渠道库存下降36%；2024年新增注册会员超5086万，注册会员规模突破2.35亿，用户体验持续改善，净推荐值同比提高超30%。

（二）深化数字技术赋能研发体系

在研发领域，围绕"科技领先"和"全球突破"两大战略，持续应用

---

① ToC：面向个人消费者。
② ToB：面向企业。
③ DTC：直接触达消费者。

数字技术优化研发体系。利用人工智能工具挖掘产品机会点，机会点报告编制时间由 8 小时缩短至 1 分钟，大幅提升企划能力；通过生成式人工智能工具与研发业务场景的深度融合，如研发知识问答、论文综述提炼等，促进研发提质增效。

（三）构建自主知识产权工业互联网平台

基于自身数字化转型的经验和技术沉淀，建设拥有完全自主知识产权的"美擎工业互联网平台"，为传统制造业企业数字化智能化转型赋能。一方面通过工业互联网平台实现产业链、供应链的全价值链数字化协作，提升供应链的敏捷性、柔韧性；另一方面推动企业运营数字化转型，通过设备的能源最优、工艺最佳，实现效率、品质的提升。截至 2024 年底，已为超过 50 个细分行业的 6 万多家企业提供产品与服务。同时，积极搭建大家电、厨电、电机等产业链协同平台，为产业链上下游企业提供数字化转型服务与支持，实现产业链协同转型和提质增效。

（四）加速推进人工智能融合应用

加速推进人工智能融合应用策略，全面促进智能化转型。部署人工智能画图、智能翻译、知识图谱、代码助手、数据分析等工具链，提升工作效率与创新能力。推动生成式人工智能在研发、品质、供应链、内销、外销、财税合规、法务等各个领域落地，形成垂直领域解决方案，实现全业务流程智能化覆盖。推动人工智能赋能工厂智能体建设，以场景化需求为导向，让智能体覆盖人、机、料、法、环各方面。

三、经验启示

美的集团坚持战略引领，将"数智驱动"作为公司战略之一，以信息流和实物流为主线，围绕需求计划、供应链采购、生产制造、品质管理等，推进全价值链的数字化运营，并将数字化产品和解决方案向行业推广。通过数字化转型，美的集团既促进了公司经营质量、效率和效益的显著提升，又有效带动了产业链上下游企业数字化转型，助力全产业链转型升级。

四

全面推动工业绿色发展

　　深入践行绿水青山就是金山银山的理念，加快工业发展方式绿色转型，擦亮新型工业化生态底色。

襄阳市：逐"绿"前行，争当工业绿色发展 "领跑者"

【引　言】 2024年1月，习近平总书记在中共中央政治局第十一次集体学习时指出，"绿色发展是高质量发展的底色，新质生产力本身就是绿色生产力"。襄阳市坚持以产业结构和能源结构优化调整为主线，以生产过程清洁化、产业结构高端化、资源利用循环化、工业生产绿色化、能源消耗低碳化等为主要路径，积极探索现代工业城市绿色低碳转型路径。

【摘　要】 襄阳市紧扣国家"碳达峰""碳中和"发展战略，通过实施企业清洁生产技术改造、工业资源综合利用、沿江化工企业和危化品生产企业关改搬转、绿色制造体系建设等行动，大力推动工业整体绿色化转型，取得积极成效。

【关键词】 清洁生产；绿色制造；工业资源综合利用

一、背景情况

襄阳市紧紧围绕党中央决策部署，紧盯发展趋势，加快推进产业绿色低碳转型，不断以产业"含绿量"提升发展"含金量"，先后荣获国家再生资源回收利用体系建设试点城市、国家新型工业化产业示范基地等称号，辖区内谷城县为湖北省首家国家循环经济示范县。截至2024年底，襄阳市共有国家级绿色设计产品13个、绿色工厂32家、绿色供应链1个、绿色园区1个。

二、主要做法

（一）聚焦提质增效，狠抓主导产业转型升级

制定并印发《襄阳市推进新一轮"千企千亿"技术改造三年行动方案（2021—2023年）》，引导工业企业"内涵式"发展，推动主导产业转型升级。以比亚迪襄阳产业园为代表的325个亿元以上项目开工建设，总投资1102亿元；以吉利硅谷一期为代表的288个亿元以上项目竣工投产，总投资801亿元。先后制定《关于加强磷石膏综合治理促进磷化工产业高质量发展的意见》《关于加快推动先进制造业高质量发展的若干措施》等多项惠企政策措施，强化政策支持。深入推进企业智能化改造，每年对100家以上规上工业企业滚动开展诊断服务，引导企业分层次、分阶段实施改造。

（二）聚焦循环发展，促进工业资源综合利用

以磷石膏综合治理为突破口，全方位推动工业固废循环利用，制定《关于加强磷石膏综合治理促进磷化工产业高质量发展的意见》，按照

"控制增量、消化存量、逐步平衡"的原则，推动磷石膏系统化治理。同时，推动废铝实现全量利用，废钢利用率达98%，废铅酸蓄电池利用率达90%，粉煤灰、黄磷渣、硫酸渣、电炉钢渣利用率达85%，工业固废年综合利用量约1600万吨，综合利用率达80%。

（三）聚焦生态优先，加快推动企业和园区"腾笼换鸟"

强力推动沿江化工企业关改搬转，制定出台《襄阳市沿江化工企业暨危化品生产企业关改搬转支持措施》，因企施策推动化工企业关改搬转。全市29家沿江化工企业、危化品生产企业全部完成关改搬转任务。强力推进化工园区整改认定，围绕园区设立、园区管理、园区规划、安全管理、环境保护、公用工程、指挥平台等7个方面对全市6个建成的化工园区逐一现场核查，制定问题清单，明确整改标准、时间节点和责任单位，强力推进化工园区整改和认定工作，6个建成化工园区全部一次性通过省级认定。

（四）聚焦节能减排，加快构建绿色制造体系

深化节能监察和节能诊断服务，截至2024年底，累计对95家工业企业进行节能监察，对238家企业开展节能诊断服务。制定工业清洁生产技术改造项目库，涵盖大气、水和土壤污染防治清洁生产改造、节能技术改造、资源综合利用、绿色制造智能化提升等多个领域；全面完成《湖北省落实重点行业挥发性有机物削减行动计划实施方案》中涉及襄阳市的三环锻造公司喷漆有机废气治理项目等9个项目任务。坚持分类指导、因企施策，建立动态更新的绿色技术目录，完善绿色制造体系梯队培育机制。

三、经验启示

（一）坚持理念至上是走好工业绿色发展之路的必然要求

襄阳市始终把绿色发展理念贯穿于工业发展全过程，始终坚持以绿色转型发展为导向，通过理念宣讲、政策引导、扶推结合，有效调动工业企业绿色转型主动性、积极性，为全市工业绿色大发展奠定良好基础。

（二）坚持技术改造是走好工业绿色发展之路的必由之路

技术改造是企业加快绿色转型的重要引擎。近年来，襄阳市坚持以技术改造为抓手，每年推动近300家企业技术改造，推动企业加速绿色蝶变，激活企业新动力。

（三）坚持问题导向是走好工业绿色发展之路的重要突破

磷石膏综合利用率偏低一直制约襄阳市资源循环产业高质量发展，襄阳市坚持问题导向，以加强磷石膏等工业固废的规模化、资源化利用为突破口，为工业固废加速循环利用、磷化工产业可持续发展及绿色转型提供支撑。

台州湾新区：向"绿"而兴，提升产业发展"含绿量"

【引　言】 2024年10月，习近平总书记对国家级经济技术开发区工作作出重要指示指出，"巩固提升先进制造业产业基础，推动产业高端化、绿色化、数字化，打造数字产业、未来产业，因地制宜发展新质生产力"。台州湾新区围绕低空经济、新能源汽车等产业，积极打造具有台州湾特色的绿色低碳园区。

【摘　要】 近年来，台州湾新区致力于绿色低碳园区建设。规划方面，立足国际智造名城建设，完善绿色低碳发展的顶层设计，探索绿色发展模式。产业方面，积极构建绿色供应链，引导产业链龙头企业以自身绿色低碳发展为源头，牵引整条产业链绿色低碳发展。平台方面，拥有无人机小镇和汽车小镇两个特色小镇。循环方面，通过生产者责任延伸制，构建"企业小循环、产业中循环、园区大循环"体系，形成主导产业融合发展的循环型产业体系，不断提高产业发展"含绿量"。生态环境方面，注重生态环境治理与优化，开展月湖、云湖等生态修复工程，探索"蓝色循环"海洋塑料治理模式，打造优美生态环境。数字化方面，建立涵盖能源、环境、安全、产业于一体的综合性数字化管控平台，实现数字赋能。

【关键词】 含绿量；低空经济；汽车小镇；蓝色循环

一、背景情况

台州湾新区位于东海之滨、台州湾畔,于2020年7月获浙江省政府批复设立,2020年8月20日正式揭牌,是浙江省设立的七大省级新区之一,也是台州市委、市政府举全市之力打造的市本级战略平台。经过数年发展,台州湾新区对前期规划、先进技术招引与项目引进、资源利用效率、污染物排放、生态环境质量等方面进行全方位把控,逐渐构建起主导产业融合发展的循环型产业体系,不断提高产业发展"含绿量"。2023年入选国家级绿色工业园区。

二、主要做法

(一)规划先行奠定绿色发展道路

围绕绿色低碳发展目标,编制台州湾新区国土空间总体规划及相关领域专项规划30余项,明确发展方向。聚焦浙江省"415X"先进制造业集群①培育重点领域,严格把控项目招引,避免"劣币驱逐良币",做大做强新能源汽车、低空经济、光电3条全产业链。现台州湾新区已集聚水晶光电、沃尔沃、吉利、新吉奥、北航长鹰、夜视丽、星空智联等行业龙头企业。

---

① "415X"先进制造业集群:"4"指重点发展新一代信息技术、高端装备、现代消费与健康、绿色石化与新材料等4个万亿级世界级先进产业群,"15"指重点培育数字安防与网络通信、集成电路、智能光伏、高端软件、节能与新能源汽车及零部件、机器人与数控机床、节能环保与新能源装备、智能电气、高端船舶与海工装备、生物医药与医疗器械、现代纺织与服装、现代家具与智能家电、炼油化工、精细化工、高端新材料等15个千亿级特色产业集群,"X"指重点聚焦"互联网+"、生命健康、新材料三大科创高地等前沿领域,培育若干高成长性百亿级"新星"产业群。

（二）全产业链协同促进行业绿色循环发展

积极探索产品生产者责任延伸模式，成功打造新能源汽车循环产业链条，形成龙头企业带动全产业链绿色发展模式。构建"新能源汽车整车＋新能源电池＋动力总成＋智能汽车"全产业链，通过引进吉利汽车、新吉奥新能源汽车两大整车项目，集聚吉利滨海发动机、麦格纳等核心零部件配套企业以及通力新材料等废旧材料回收企业，构建完整产业链。

（三）高能级平台提升产业发展质量

成功建成国家级汽车零部件产业基地以及浙江省双创示范基地、"两业融合"发展试点、循环化改造园区。拥有无人机航空小镇、汽车小镇两个浙江省特色小镇，空天产业入选浙江省首批"万亩千亿"新产业平台[①]和浙江省未来产业先导区培育创建名单，并纳入浙江省自贸试验区联动创新区范围。通过引进许祖彦、吴丰昌、宋梁、俞梦孙、余艾冰等5个院士团队，招引和培育一批优质企业。截至2024年底，共拥有国家级专精特新"小巨人"企业10家、上市公司8家、省级研究院18个、省级高新技术企业研究中心66个。

（四）数字赋能助力园区管理精细化

采用智慧化管理平台，拓展经济一张图、能源一张图、生态环境一张图、服务一张图等应用场景，提供经济数据分析、能耗监测、电量预警、能效对标、污染排放预警等多项功能。建设环保优选平台，引入第三方服务机构，建立完善评分系统，为企业专业化服务提供支撑，平台已入驻第三方机构50余家。

---

① "万亩千亿"新产业平台：面向万亩空间左右、千亿元以上产出的产业平台，是浙江省引领未来产业发展的高能级产业平台。

（五）优化生态环境建设海滨生态样板

通过现代农业水生态工程、月湖修复工程、云湖建设、绿轴建设等绿化工程建设有效解决围填海生态修复难题，从生态修复、海洋生物资源恢复、滨海湿地修复、无居民海岛生态修复、生态海堤建设等多方位入手，实施"生态基地"+"景观"+"科技"+"业态"+"文化"的生态修复工程。通过月湖、云湖、绿轴建设，台州湾新区生态环境显著改善。

（六）循环经济演绎废弃物"重生艺术"

以金属资源再生产业园为载体，集聚汽车拆解、废旧电子电器等资源再利用企业，服务范围辐射浙江全省。现台州湾新区内已形成年处置各类废弃物26万吨的能力。通过招引一批循环利用企业，对园区内废旧塑料等材料进行循环利用，完善园区产业链条。聚焦海洋塑料垃圾处理，集成海洋废弃物闭环治理、海洋塑料碳交易增值、价值再分配体系等核心场景，形成跨层级、跨部门、跨区域的协同公共数据库，打造海洋废弃物收集、运输、处置、再生和高值利用的闭环价值链，有序构建海洋塑料废弃物治理产业体系，形成具有特色的"蓝色循环"海洋塑料治理模式。此模式获联合国"地球卫士奖"。

三、经验启示

（一）注重顶层设计，高效协同发展

台州湾新区通过做优做细区域发展规划，并根据规划逐步出台相关文件，加强政策支撑和规划引导，为产业项目招引奠定坚实基础，助力产业高质量发展。

（二）既要金山银山，也要绿水青山

台州湾新区在大力招引和谋求发展的同时注重人居环境和海湾生态，通过落地月湖、云湖等生态修复工程，探索"蓝色循环"海洋塑料治理模式等，不断提高人居环境质量，切实做到人与自然和谐相处。

（三）坚持全链协同，共建绿色生态

台州湾新区认真落实产业发展规划，项目招引做到宁缺毋滥，打好产业发展底色。以吉利汽车等产业链龙头企业自身绿色发展为源头，带动全链绿色发展，实现产业全链条向"绿"而行，增加全区"含绿量"，也实现了"本地造、本地销售、本地应用"的完整绿色产业链条。

中国宝武钢铁集团有限公司：创新引领，打造钢铁行业节能减排样板

【引　言】 2024年1月，习近平总书记在中共中央政治局第十一次集体学习时指出，"必须加快发展方式绿色转型，助力碳达峰碳中和"。中国宝武钢铁集团有限公司（以下简称中国宝武）坚持创新引领，坚持先立后破，扎实地推进"双碳"工作，加快形成新质生产力，打造钢铁行业企业节能减排样板。

【摘　要】 近年来，中国宝武发布碳减排目标和低碳冶金技术路线图并积极落实，主要工作及成效包括：推进"极致能效"工程，优化能源消费结构，开展以富氢碳循环氧气高炉和氢冶金电熔炼工艺等为主的低碳冶金工艺技术创新，基于全生命周期评价发布产品环境申明，支撑中国钢铁工业协会制定《低碳排放钢评价方法》并推进与国际相关机构的互认，推进低碳排放钢产品研发及品牌建设，搭建全球低碳冶金创新联盟，设立低碳冶金创新基金，引领全产业链绿色低碳转型。中国宝武的实践，为我国钢铁工业绿色低碳发展提供了经验借鉴。

【关键词】 极致能效；低碳冶金；富氢碳循环氧气高炉；氢冶金电熔炼工艺

一、背景情况

中国宝武是中央直接管理的国有骨干企业，于2021年发布碳减排目标，提出2025年具备减碳30%工艺技术能力，2035年力争减碳30%，2050年力争实现碳中和；并于同年发布低碳冶金技术路线图，从技术创新、工艺优化、能源结构调整、绿色产业布局等多方面发力，推动钢铁生产向绿色低碳转型。

二、主要做法

（一）持续推进"极致能效"工程

发布《中国宝武集团钢铁基地关键能效指标对标评价办法V1.0》《中国宝武极致能效技术推荐目录（2022）》，指导钢铁企业持续深入开展能效对标，促进"极致能效"技术推广应用。印发《中国宝武能效标杆创建工作方案（2023—2025年）》，明确能效标杆创建重点任务及分年度目标，促进钢铁重点工序能效标杆创建。积极参与中国钢铁工业协会"双碳最佳实践能效标杆示范企业"培育工作，2024年，下属钢铁企业重点工序能效达标杆的产能占比超过45%。持续优化能源消费结构，强化煤炭消费总量管理，完成上海市煤炭消费总量考核目标。推进下属钢铁企业加大天然气、绿色电力等清洁能源使用，因地制宜发展分布式可再生能源。2024年，新增可再生能源装机量超过200兆瓦，累计装机量超过900兆瓦，全年可再生能源利用量超过71亿千瓦时，同比上升约15%。

（二）大力推动技术创新

为突破高炉—转炉流程低碳冶炼技术，中国宝武开发了富氢碳循环氧气高炉工艺。2019年1月，在子公司新疆八一钢铁成立富氢碳循环氧气高炉项目组，对原430立方米"功勋高炉"进行改造。2020年7月，试验平台投入运行。2022年7月成功实现100%超高富氧冶炼目标，降低固体燃耗30%，减排二氧化碳21%，初步建成工业化的高炉低碳冶金示范线。富氢碳循环氧气高炉工艺技术已应用到新疆八一钢铁2500立方米高炉，实现商业化推广。开发并积极推进氢冶金电熔炼工艺，在上海建成氢冶金中试平台，包括100千克级氢还原炉、500千克级电熔分炉，具备开发具有自主知识产权的氢冶金能力。在子公司湛江钢铁建成投产百万吨级氢基竖炉，该竖炉具备中试试验及商业化运行功能，是集成氢气、天然气、焦炉煤气等多种还原气的工业化直接还原示范线，可研究不同富氢条件下铁矿石氢还原规律及生产技术差异。

（三）促进绿色低碳发展

创立并发布绿色低碳钢品牌"BeyondECO"。2024年10月，首批发布的冷轧汽车板高强钢及冷轧汽车板高表面外板、高牌号极低铁损取向硅钢及高效高牌号无取向硅钢、无缝钢管气瓶钢、热轧建筑用钢、大轴重重载车轮、高表面冷成型用钢等6项低碳排放钢铁产品均经过第三方严格认证。支撑中国钢铁工业协会建立钢铁全产业链EPD[①]平台，与瑞典、意大利EPD平台签署合作与互认备忘录，提升中国钢铁全产业链EPD平台的国际影响力。支撑中国钢铁工业协会发布《低碳排放钢评价方法》团体标准，为中国低碳排放钢标准的制定树立新标杆。

（四）积极开展交流合作

协同相关科研院所积极开展二氧化碳资源化利用关键技术攻关。下属

---

① EPD：环境产品声明。

宝钢股份与中石化、壳牌和巴斯夫签署联合研究协议，从技术、商业及政策3方面共同研究评估和推动华东地区开放式千万吨级CCUS[①]集群项目。建立全球合作平台，牵头创建全球低碳冶金创新联盟，为来自世界15个国家和地区的72家企业、院校、科研机构采取共同行动提供了平台。面向全社会设立低碳冶金创新基金，2021—2024年，共资助58个项目，支持资金达9500万元。

三、经验启示

（一）坚持技术创新是低碳转型的核心驱动力

技术创新是企业低碳转型的关键。钢铁企业要将技术创新置于战略核心位置，加大研发资金投入，夯实科研团队，持续在降低能耗、减少碳排放等关键问题上开展研究，强化技术攻关。同时，研发新的冶炼工艺、探索更高效的能源利用方式，从而在未来低碳竞争中占据先机。

（二）多元化发展是提高绿色竞争力的重要途径

在能源结构层面，不能过度依赖传统能源，应积极探索多元化能源结构，根据本地资源情况发展可再生能源，降低对环境的影响。在产业延伸层面，可向全产业链的上下游拓展，提高产品附加值。在企业产品层面，要注重品牌建设，开发绿色低碳产品，提升企业的社会形象和市场竞争力。

---

① CCUS：碳捕集、利用与封存。

（三）强化合作交流是共促行业进步的有力保障

加强对外合作，共同面对低碳转型的挑战。企业之间可以分享技术成果、开展联合研发，降低研发成本和风险。有条件的企业可以探索建立区域或全球联盟，在政策倡导、标准制定等方面形成合力，推动整个行业向低碳方向发展。

风帆有限责任公司：构建绿色制造体系，引领行业转型发展

【引　言】 2024年1月，习近平总书记在中共中央政治局第十一次集体学习时指出，"绿色发展是高质量发展的底色，新质生产力本身就是绿色生产力"。风帆有限责任公司（以下简称中船风帆）将绿色发展理念深度融入产业全链条各环节，持续推动行业向产业结构高端化、产品供给绿色化、生产过程清洁化、能源消费低碳化、制造流程数字化、资源利用循环化转型。

【摘　要】 中船风帆将绿色发展理念深度融入产业全链条各环节，在"双碳"目标指引下，通过攻关先进电源技术、秉持绿色设计理念、构建绿色制造体系、践行节能降碳战略、夯实数智发展根基以及整合行业优势资源等主要做法，成功推动产业结构高端化、产品供给绿色化、生产过程清洁化、能源消费低碳化、制造流程数字化、资源利用循环化，为绿色低碳转型和高质量发展贡献了央企力量。

【关键词】 绿色制造；节能降碳；循环经济

一、背景情况

中船风帆直属中船集团，是一家集先进电池研发、生产、销售及回收于一体的综合性高新技术企业，主营铅蓄电池、锂离子电池及电化学储能系统等，拥有保定市、淄博市、扬州市、唐山市四大生产基地，以及"风帆""火炬""赛欧"等知名品牌。近年来，中船风帆积极响应国家绿色发展战略，将绿色低碳理念融入产品设计、原材料采购、生产过程、污染物排放及产品回收等全链条，推行以产品全生命周期管理为核心的绿色发展模式，大力实施能源精细化管理，引领行业绿色转型。

二、主要做法

（一）攻关先进电源技术，引领产业结构高端化

持续优化项目遴选、联合攻关及成果转化机制，大力实施产品技术创新、品质升级和品类重塑。自主研发的AGM①、EFB②起停蓄电池，以卓越低温起动、动态充电及深循环寿命，为多家汽车主机厂独家配套，有效降低汽车燃油消耗。中船风帆已形成锂电池电源及系统全链条服务能力，可面向多元场景提供高性能电源系统及解决方案。

（二）秉持绿色设计理念，提升产品供给绿色化

始终坚持"全生命周期管理和绿色设计"理念，在产品设计阶段即深度融合生态设计思维，采取精简材料种类、明晰材料标识、延长产品寿命

① AGM：吸附式玻璃纤维隔板。
② EFB：增强型富液式电池。

及提升回收利用率等有效措施，显著推动产品生态效能的持续优化。广泛使用可循环材料，4款产品获评国家级绿色设计产品，3家主要生产单元获评国家级绿色工厂。

（三）构建绿色制造体系，推动生产过程清洁化

积极构建绿色制造体系，从全生命周期角度出发，对采购、生产、运营、销售及回收等各个环节实施环境影响与绿色控制。通过推广冷切技术等先进技术，提升环保水平，降低能耗与排放。同时，强化环保设施治污能力，确保废水、废气全面在线监测，筑牢环保屏障。加入中国绿色制造联盟，参与标准修订，分享绿色经验。下属生产单元严格遵循国家清洁生产标准，3家达到清洁生产一级水平，4家达到清洁生产二级水平。持续推进"无废工厂"建设，多维度实现废物减量化、资源化、无害化。

（四）践行节能降碳战略，促进能源消费低碳化

深入贯彻"双碳"目标，以能源管理体系为基础，制定"碳达峰行动方案"，积极推广先进节能技术，建立能源监控平台，运用数字化、智慧化方式实施能源精细化管理。通过实施屋顶分布式光伏、35千伏电站建设、永磁变频双级压缩空压机更换等节能改造项目，显著降低了能源消耗和碳排放强度。同时，积极应用碳足迹核算平台，对配套产品开展碳足迹核算，从产品原材料的采购、生产、运输、使用以及废弃处理等全生命周期进行分析，量化产品各阶段产生的温室气体排放量。依据排放数据，持续优化产品管理，以达成更为绿色、低碳的生产模式。

（五）夯实数智发展根基，加速制造流程数字化

自主开发公司级BI[①]数据分析系统，搭建数据标准体系和数据仓库，

---

① BI：商务智能。

深入挖掘生产数据价值。实施关键工序数字化改造，主要生产单元数控化率达到100%。分公司塑胶科技实施"黑灯工厂"建设，实现重点工序无人化生产。在交付环节，依托线上销售平台，充分发挥全国600余家一级经销商及上万家二、三级经销商的网络优势，确保在0.5 ～ 2小时内提供上门安装服务，以"新、快、好"的服务体验赢得客户广泛赞誉。搭建信息安全管理体系，实施TISAX①信息安全审计，不断增强全员信息安全意识与技能。通过数字化转型，持续推动数据透明、资源优化、效益提升。

（六）整合产业优势资源，驱动资源利用循环化

以铅蓄电池流通与回收平台为核心，融合物联网与精益供应链技术，构建覆盖全国的销售与服务网络，实现平台化、智能化管理。通过该平台，中船风帆紧密连接经销门店、回收企业、物流及冶炼厂等多方，共筑高效绿色循环经济产业链，再生原材料使用比例超40%。构建"企业＋相关方共建共享共赢"的立体化社会责任模式，连续多年发布社会责任报告，通过多平台公开环境治理与污染物排放信息，主动接受社会监督。

三、经验启示

（一）坚决贯彻国家政策导向，内化"双碳"目标，勇担绿色发展重任

中船风帆深入践行国家绿色发展战略，将"双碳"目标作为企业发展的核心导向，全面融入产业规划、技术创新、产品升级等各个环节，通过优化产业结构、推动绿色制造等措施，切实履行央企的社会责任，为行业绿色发展树立典范。

---

① TISAX：可信信息安全评估交换机制。

（二）全面深化改革创新，优化管理机制，激发绿色发展活力

中船风帆通过全面深化改革，打破传统束缚，激发企业绿色发展活力。建立健全绿色制造体系，推动生产过程清洁化、能源消费低碳化，同时加强内部管理，优化资源配置，提升运营效率。这些举措不仅为企业绿色发展提供了有力支撑，也为行业转型升级注入了动力。

（三）对标世界一流水平，注重技术创新与品质提升，创造绿色发展新优势

中船风帆紧跟国际绿色发展潮流，对标世界一流企业，不断加大研发投入，提升产品技术含量和附加值。通过技术创新和品质提升，进一步巩固行业领先地位。

安徽省天助纺织科技集团股份有限公司：绿色制造，推动废旧纺织品"蝶变重生"

【引　言】　2024年3月，习近平总书记看望参加全国政协十四届二次会议的民革、科技界、环境资源界委员并参加联组会时强调，"推动经济社会发展绿色化、低碳化，加强资源节约集约循环利用"。安徽省天助纺织科技集团股份有限公司（以下简称天助纺织）紧跟国家循环经济发展战略，以资源再生为目标、绿色制造为抓手，奋力发展废旧纺织品循环利用产业，引领行业做大做强。

【摘　要】　天助纺织依托专业的研发平台和产学研协作，开发多项核心专利技术，打通了废旧纺织品分类、分拣、综合利用的绿色产业链，实现废旧纺织品的内循环。通过实施绿色技术创新、构建绿色供应链、推进智能制造等措施，实现经济效益和环境效益双提升。

【关键词】　废旧纺织品；循环利用；绿色发展；绿色供应链

一、背景情况

天助纺织成立于2002年，最初从事棉花收购加工，于2012年转型进入废旧纺织品资源化综合利用领域，是一家专业从事废旧纺织品循环利用和高值化产品研发、生产、销售的国家高新技术企业、国家级专精特新"小巨人"企业，荣获多项国家级和省级荣誉，年废旧纺织品处理能力达10万吨。

二、主要做法

（一）笃定资源再生航向，引领产业迈向绿色新纪元

坚持党建引领企业高质量发展，面向国家"双碳"目标和循环经济发展要求，将绿色发展理念融入企业发展，明确企业发展路径和目标，2021年制定《五位一体绿色发展目标》，包括绿色标准制定、绿色流程优化、绿色技术创新、绿色产业链建设、工厂绿色加工改造等内容，确保生产和供应链的绿色化转型有章可循、有据可依。全面布局高效能循环利用体系，构建废旧纺织品循环利用的绿色产业链，实现了从废旧纺织品收集、分拣、加工到高值化产品生产的闭环管理。建立绿色制造管理体系和长效机制，通过GRS[①]、国家两化融合管理体系、质量管理体系、环境管理体系、职业健康安全管理体系、能源管理体系、知识产权管理体系等认证。

---

① GRS：全球回收体系。

（二）突破循环利用关键技术，推动废纺华丽再生

我国现有的废旧纺织品回收利用产业链集中于回收端、物理处理和传统技术的化学处理上，产业链之间缺少融合，缺乏关键核心技术。天助纺织依托自建研发平台，与太原理工大学、上海交通大学、东华大学等国内高校围绕废旧纺织品高值化利用开展一系列科研项目，成功研发多项废旧纺织品循环利用的关键技术，如废旧涤棉混纺织物分离关键技术等。先后申请专利150余项，已获授权76项，主持及参与制定3项国家标准和3项行业标准。

（三）构建数智化供应链平台，助推全链降本增效

天助纺织联合海尔卡奥斯、中国联通共同围绕高端差别化废旧纺织品数智化平台建设目标，搭建机联网数据采集平台，绑定业务流程，以MES/ERP为核心应用系统，将生产过程、工艺参数、建模仿真结果等集成，实现生产加工过程中的物料平衡及供应链各环节的实时监控和智能调度，提高供应链的透明度和响应速度，加强生产企业、供应商、回收商以及其他相关单位之间的信息共享，实现全链条数智化管控。项目实施以来，用工减少30%，综合能耗降低15%，综合运营成本降低8%，产品不良率下降5%，生产效率提升15%。

三、经验启示

（一）发挥党建引领作用

天助纺织党支部坚持以"学聚创为"党建总品牌为引领，在理论学习、团结职工、科技创新、服务社会等方面发挥新动能。通过党建引领，实现了高质量发展，为绿色发展提供了坚强的组织保障。

（二）坚持绿色发展理念

天助纺织将绿色发展理念贯穿于企业发展的全过程，注重环保和可持续发展。通过实施绿色技术创新、构建绿色供应链、推进智能制造等措施，实现经济效益和环境效益的双提升。

（三）注重技术创新

天助纺织投入大量研发经费，与多所高校开展深度产学研合作，构建了绿色技术创新体系。通过技术创新，提升废旧纺织品循环利用的技术水平，为绿色发展提供了有力支撑。

（四）构建绿色供应链

天助纺织注重构建绿色低碳循环供应链体系，在供应商选择、原材料采购、生产过程控制、产品销售和回收等环节都注重环保和可持续发展。通过与上下游企业开展资源循环利用项目，推动行业的可持续发展。

五

建设世界一流企业

工业发展根本上要靠企业，企业强工业才能强。坚持"两个毫不动摇"，建设更多具有国际竞争力的世界一流企业。

青岛市：创新培强，着力探索一流企业打造路径

【引　言】 2022年2月，习近平总书记在主持召开中央全面深化改革委员会第二十四次会议时强调，"加快建设一批产品卓越、品牌卓著、创新领先、治理现代的世界一流企业"。党的二十届三中全会《中共中央关于进一步全面深化改革 推进中国式现代化的决定》提出，"加快建设更多世界一流企业"。青岛市在制造强市建设中聚焦高端化、智能化、绿色化，着力探索一流企业打造路径。

【摘　要】 近年来，青岛市积极探索一流企业打造路径。坚持创新引领，强化企业创新主体地位，全面建设高水平产业科技创新体系。开展梯队建设，通过实施"倍增"计划、"锻链"工程、"育苗"行动、"品牌"战略，培育了一批一流企业队伍。优化发展环境，全力营造亲商、安商、富商的浓厚氛围。打造了智能家电、轨道交通装备、青烟威船舶与海洋工程装备、仪器仪表等4个国家先进制造业集群和家电、汽车、食品饮料、装备、化工等5个千亿级产业，培育了海尔、海信、青岛啤酒、北海造船等众多行业知名龙头企业。

【关键词】 产业创新；梯度培育；营商环境；一流企业

一、背景情况

青岛市在推进新型工业化和制造强市建设中聚焦高端化、智能化、绿色化，推动制造业产业模式和企业形态根本性转变，减少资源能源消耗，着力探索一流企业打造路径，不断壮大优势企业群体，持续提升制造业发展效能。截至2024年底，青岛市拥有智能家电、轨道交通装备、青烟威船舶与海洋工程装备、仪器仪表等4个国家先进制造业集群和家电、汽车、食品饮料、装备、化工等5个千亿级产业，以及海尔、海信、青岛啤酒、北海造船等众多行业知名龙头企业。

二、主要做法

（一）坚持创新引领，强化企业创新主体地位

一是构建产业创新体系，激发企业源头创新能力。围绕重点产业领域，构建以智能家电、虚拟现实2个国家制造业创新中心为核心节点、以5个省级制造业创新中心为重要支撑、以企业研发机构为补充的制造业创新体系，累计突破行业共性技术50余项，培育双星等17家国家技术创新示范企业，海信、澳柯玛等10个国家级工业设计中心。海尔荣获国家科学技术进步奖二等奖，中车青岛四方研制发布全球首列用于商业化运营的碳纤维地铁列车。

二是探索"工赋青岛"模式，提升企业智能制造能力。为加快推动企业数字化、网络化、智能化发展，2021年以来，创新开展"工赋青岛"专项行动。经过多年实践，培育出卡奥斯、柠檬豆等50多个工业互联网平台，涌现出双星"胎联网"、青岛饮料集团等一批智能制造行业标杆。累计培育"灯塔工厂"6家，青岛啤酒被评为"可持续灯塔工厂"。

三是鼓励企业技术改造，提升企业发展内生动力。坚持把技术改造作为促进传统产业转型、企业发展提质增效的关键引擎，实施普惠性技术改造设备投资奖补政策，开展技术改造升级焕新系列服务活动。打造了赛轮、酷特智能等一批山东省优秀技术改造案例和技术改造解决方案，青岛市入围国家首批制造业新型技术改造城市试点。

四是推进绿色低碳发展，提升企业持续发展能力。完善以"亩产效益"为导向的要素市场化配置机制，2024年组织9309家工业企业参加"亩产效益"评价，引导企业提质增效、集约发展。鼓励引导绿色低碳发展，海尔空调、海信视像等54家工厂获评国家级绿色工厂，德鑫资源、青岛北辰等9家企业入选再生资源综合利用行业规范企业。青岛啤酒等4家企业入选国家能效、水效"领跑者"。

（二）坚持梯队培强，支持企业做大做优做强

一是实施"倍增"计划，做强龙头企业。建立市级服务专班和需求导向扶持机制，市区两级协同联动，"一企一策"加强政策落实和要素保障，支持行业龙头骨干企业实施"倍增"计划。推动百余家"倍增"企业扩能增产。

二是实施"锻链"工程，强化核心力量。建立市级领导担任"链长"、优势龙头企业为"链主"的促进重点产业链做强做优的运行机制，鼓励支持新能源汽车、机器人、生物医药、人工智能等新兴产业发展，家电及电子信息示范基地连续5年获评五星级国家新型工业化产业示范基地。出台培育制造业优质企业政策，鼓励企业创新发展、做精做专。累计培育明月海藻、特锐德等国家级制造业单项冠军39家。

三是实施"育苗"行动，扩大新锐群体。创新开展"链万企"供需对接，上线运行"链万企"供需对接平台，持续提升供需匹配功能，累计发布企业供需信息15万项。组织重点产业链供需对接活动150余场，促成

100多家中小企业进入龙头企业供应链、创新链。多举措鼓励中小企业成长，累计培育专精特新"小巨人"企业190家、"独角兽"企业17家。

四是实施"品牌"战略，壮大"金花"簇群。2022年，青岛市人民代表大会常务委员会通过决议，将每年7月17日设立为"青岛品牌日"。开展品牌培育行动，动态遴选40余家制造业企业重点培育，引导品牌建设由"树标杆"向"建梯队"拓展。获评消费品工业"三品"战略示范城市，24个青岛品牌入选2024年中国500最具价值品牌，其中，海尔、青岛啤酒入选世界品牌500强。

（三）坚持优化服务，构建企业健康发展环境

一是推动政策服务创新。开展政策"制定—宣贯—兑现"全周期服务创新，在政策制定环节，深化"点菜单"式省级改革试点，先后出台新能源汽车、人形机器人、视听电子产业发展等5个行动计划及精密仪器仪表等3个产业园区规划。在政策宣贯环节，常态化开展惠企政策"进区市、进协会、进企业"活动。在政策兑现环节，推动政策"直达快享""免申即享"。

二是营造法治公平环境。深入落实"放管服"改革举措，行政审批事项全部集中办理。依法依规承担食盐、技术改造、民用爆炸物品等领域11项行政执法职能，严格落实行政执法公示、执法全过程记录、重大执法决定法制审核"三项制度"，全面落实行政决策前置合法性审查，提升执法规范化水平。

三是坚持涉企服务下沉。建立完善政企常态化沟通交流机制，坚持下沉企业车间、项目一线开展调研，协同各区市、功能区和产业园，对规上工业企业进行遍访服务，帮助企业解决生产经营遇到的问题。围绕重点产业链，聚焦涉企政策、营商环境等企业关切开展面对面交流活动，及时回应、解决企业诉求。

四是打造尊企爱企氛围。整合资源，优化企业经营管理人员素质提升培育体系，与清华大学等知名高校合作举办企业家高级研修班，举办"企业家大讲堂""创新管理企业行"活动，引导企业家创新思维、拓宽视野。大力弘扬企业家精神，将11月1日确立为青岛企业家日，以市委、市政府的名义评选表彰优秀企业家42名，联合青岛市广播电视台制作《企业家说》专题访谈节目30余期，同步在央视频播出，宣传企业家创业创新事迹。

三、经验启示

（一）培育一流企业必须坚持创新驱动、体系推进

要打造良好创新生态，培育创新基因，做强企业矩阵、培育一流企业，切实提升科技创新成果转化的能力和效率，更好推动科技创新和产业发展相结合。要坚持走以企业为主体、以市场为导向的产业创新之路，推动产业链、资金链、人才链、创新链深度融合，推动产业创新能力稳步提升。

（二）培育一流企业必须坚持梯度培强、融通发展

要坚持构建梯形结构的优势企业发展梯队，从而培育打造出科技企业领军、"链主"企业引领、单项冠军企业攻坚、专精特新企业筑基的一流企业群体。

（三）培育一流企业必须坚持尊企爱企、强化服务

要坚持将企业家视为最宝贵的人才资源，强化"店小二"服务意识，始终围绕企业和企业家的需求完善政策、制定法规制度，在全社会营造尊商、爱商的发展环境。

宁波市：集成化培育，推进中小企业专精特新发展

【引　言】　2022年9月，习近平总书记在致2022全国专精特新中小企业发展大会的贺信中指出，"中小企业联系千家万户，是推动创新、促进就业、改善民生的重要力量。希望专精特新中小企业聚焦主业，精耕细作，在提升产业链供应链稳定性、推动经济社会发展中发挥更加重要的作用。"宁波市大力开展集成化培育工作，制定推进专精特新中小企业认定、培育的政策文件，实施"资本、创新、人才、数字化"等赋能中小企业的服务"组合拳"，全力打造制造业单项冠军之城。

【摘　要】　宁波市集成规划引导、梯队培育、协同创新、数字赋智等改革举措，推动中小企业专精特新发展。注重"规划引导＋政策扶持"，制定打造制造业单项冠军之城专项规划，支持培育国家级制造业单项冠军、专精特新"小巨人"企业。力推"种子计划＋梯队培育"，实施"智团创业"计划，建立高新技术企业辅导中心，建立企业梯度培育体系，制定专精特新企业产品和产业链路径图。强化"协同创新＋链式融通"，建设共性技术平台，组建产业链共同体和创新联合体。通过"数字赋智＋产融赋能"，支撑企业高效转型，打造"产业大脑＋未来工厂"，创新金融服务。

【关键词】　集成化培育；专精特新；单项冠军

一、背景情况

宁波市民营经济高度发达，中小企业占比超98%。近年来，宁波市集成规划引导、梯队培育、协同创新、数字赋智等改革举措，推动企业专业化、精细化、特色化和创新化发展，全力打通专精特新企业向制造业单项冠军企业迈进的晋升通道。截至2024年底，累计培育国家级专精特新"小巨人"企业418家，制造业单项冠军企业104家。

二、主要做法

（一）"规划引导+政策扶持"，激发企业内生动力

于2017年启动制造业单项冠军培育工程，出台《宁波市制造业单项冠军培育工程三年攻坚行动计划（2017—2019年）》；2020年基于单项冠军培育优势，再次升格出台《宁波市聚焦关键核心技术打造制造业单项冠军之城行动方案（2020—2025）》。系列规划方案聚焦关键核心技术，提出核心技术突破、技术产品转化、企业梯队培育、补链强链稳链、产业生态优化等重点任务，举全市之力推动制造业单项冠军企业培育。研究制定关于人才赋能"单项冠军""专精特新"企业高质量发展的若干措施，推进单项冠军企业中级职称自主评价全覆盖。

（二）"种子计划+梯队培育"，优化企业培育路径

出台《宁波市"专精特新"中小企业认定管理办法（试行）》，遴选储备一批掌握核心技术、市场占有率高的优质中小企业，精心培育"好种子"企业。实施"智团创业"计划，支持"创二代"、留学生、科技人员等创新创业，在半导体材料、膜材料等重点领域培育出聚嘉科技、卢米蓝

等一批创新型企业，做大做优专精特新、单项冠军企业培育基地。制定市级制造业单项冠军培育库企业遴选标准，建立动态市级培育库，形成"筛选—入库—重点帮扶—滚动发展"梯度培育机制，截至2024年底，拥有入库企业674家。组织市级制造业单项冠军培育库企业参与省级制造业单项冠军培育库企业遴选申报，累计138家企业进入省级制造业单项冠军培育库。对照国家级制造业单项冠军企业、国家级专精特新"小巨人"企业创建标准，明确"宁波市潜力型培育企业—宁波市重点培育企业—国家级制造业单项冠军企业""宁波市专精特新'小巨人'培育企业—国家级专精特新'小巨人'企业—国家级制造业单项冠军企业"等培育路径。通过完善国家、省、市3级梯队培育库建设，有效打通单项冠军企业向上晋级通道。

（三）"协同创新+链式融通"，提升企业发展韧性

搭建以单项冠军企业为龙头的共性技术平台，推动关键基础零部件、基础材料共研共用。建立以单项冠军企业为主体的成果转化机制，推动技术研发—产品创新—产业化全周期发展。强化单项冠军企业的引领辐射功能，实现链式集聚、协同融通、裂变带动。建立"链长+链主"等机制，依托现有单项冠军企业，牵头建设产业链上下游企业共同体、产业联盟，突出产业链关键环节培育，累计组建省级产业链共同体55家。

（四）"数字赋智+产融赋能"，支撑企业高效转型

自入选全国首批中小企业数字化转型城市试点以来，宁波市以中小企业数字化改造为牵引，带动规上工业企业数字化改造"全覆盖"。实践探索出"1+1+N+X"[①]的生态型数智化"宁波范式"，推进建设"产业大脑+

---

① "1+1+N+X"："1+1"是指supOS工业操作系统底座加行业级工业互联网平台（产业大脑）的平台体系；"N+X"是指中小企业数字化改造的共性应用场景加个性应用场景。

未来工厂"，综合运用自动化装备、物联网、人工智能、大数据、工业互联网、5G等技术，助力专精特新企业数智化转型。深化产融专项合作，政银对接针对专精特新中小企业，推出绿色审批通道、无还本续贷等惠企举措，为企业"一对一"量身定制专属低息信贷产品和保险产品。推进全国首批"专精特新"专板试点改革，落地"绿色通道""公示审核"创新试点，大幅缩短专精特新"小巨人"等优质企业赴新三板挂牌和北京证券交易所上市时长。

三、经验启示

（一）集聚资源集成政策，增强企业培育效能

加强部门协同，建立了多层次、多元化、全方位的政策、环境、服务体系，细化制定支持政策，针对企业不同阶段的成长性、阶梯性给予差异化政策支持，推进资金、人才、金融等资源向专精特新、单项冠军企业集中集聚。加强市县联动，分级分类建立企业培育库，市县两级针对不同企业开展精准服务。

（二）立足链群聚焦特色，构建企业培育梯次

紧密围绕高端装备、新材料等优势产业链群和重点谋划布局的新兴未来产业，根据行业特点分类施策，筛选种子选手，建立健全专精特新、单项冠军分层次企业培育库，并根据企业所在行业特色提供精准指导服务。建立健全培育梯次，建立完善从专精特新企业向制造业单项冠军企业升级的梯次培育机制。

（三）专注创新深化转型，升级企业培育模式

引导政府资金支持的创新项目向专精特新、单项冠军企业倾斜，搭建产学研创新服务平台，推动企业以自主创新夯实核心竞争力、主导话语权。营造支持企业专精特新发展良好氛围，支持企业深耕主业，加快高端化、智能化、绿色化转型。

航天精工股份有限公司：创新驱动，打造高端紧固件"策源地"

【引　言】 2019年1月，习近平总书记在天津市考察时强调，"高质量发展要靠创新，我们国家再往前发展也要靠自主创新"。航天精工股份有限公司（以下简称航天精工）深刻把握新时代新征程推进新型工业化的基本规律，推动"企业管理、产品技术开发、质量管控、制造数智化转型"全方位创新发展，积极主动适应和引领新一轮科技革命和产业变革。

【摘　要】 航天精工围绕市场发展和科研生产需求，构建1个目标导向、2个转型升级、6项改革举措协同互促螺旋提升的"1+2+6"企业价值创造管理新体系。坚持创新驱动发展战略，始终引领行业技术进步，围绕技术创新和产品创新布局创新研发平台，攻克实现核心技术自主化和关键产品产业化。从组织、流程、产品3个维度构建质量管控体系，强化质量治理能力，着力建设紧固件适应性安装实验室，提升产品市场竞争力。统筹推进紧固件离散制造数智化转型升级，聚焦科研生产，围绕紧固件研发、制造、检测、交付等环节深化新一代信息技术应用，打造全流程自动化专机、协作机群、柔性产线等智能制造应用，促进效率、效益全面提升。2020年以来，经营收入年均增长19%，利润总额年均增长88%。

【关键词】 航空航天高端紧固件；创新驱动；智能制造

一、背景情况

航天精工是隶属于中国航天科工的高端紧固件专业化公司，已形成集航空航天高端紧固件设计、研发、制造、检测和服务于一体，以天津市本部为指挥中心，辐射天津市、河南省（信阳市）、贵州省（遵义市）3地发展的专业化经营布局。2020年以来，航天精工大力实施"1+2+6"改革，取得显著成效，经营收入年均增长19%，利润总额年均增长88%，有力支撑了航天、航空、航发领域国家高端装备及新域新质产业创新发展。改革成果荣获2020中国企业改革发展优秀成果一等奖、2022中国企业改革发展优秀成果二等奖。2021年入选国家级专精特新"小巨人"企业、2022年入选国家级制造业单项冠军企业、2024年成功入选中央企业先进集体，航天精工正以坚定的步伐迈向世界一流企业。

二、主要做法

（一）对标国际一流，构建"1+2+6"企业价值创造管理新体系

航天精工党委在中国航天科工党组的带领下，在强化科技创新、保障产业安全，优化产业结构、推动数字化和绿色化转型等方面持续用力。对标世界一流企业，构建"1+2+6"企业价值创造管理新体系，即瞄准提升产业链核心功能、坚定打造具有国际影响力的高端紧固件专业化公司的战略目标，努力推进由传统机械加工企业向先进制造、智能制造企业转型升级，由单纯制造型企业向一体化解决方案企业转型升级，大力推进实施新品研发更精准、工艺优化更科学、市场营销更专业、质量控制零缺陷、数字产业上台阶、动员能力更强大6项举措，构建产业发展新格局。

（二）强化创新驱动引领，提升产业链核心功能

布局技术创新研发平台，开发螺纹连接辅助设计及校核系统，填补该领域技术空白。以"产品化"和"统标统型"为导向，促进技术创新、产品创新向产业落地转化。开发以智能紧固件为代表的创新产品，实现产品由单一化向系列化、系统化、智能化转变，建立具备自主知识产权的智能监测系统，为更高性能的装备提供紧固连接技术整体解决方案。联合上下游核心企业，一体化推进产业链自主创新、技术攻关和全要素配套。

（三）构建质控体系，提升装备支撑能力

创新质量管理理念方法，推动全员、全要素、全过程质量管理模式应用。基于百万量级产品的多品种、变批量科研生产特点，从组织、流程、产品3个维度创新构建"百万无一失"质量管控体系，促进质量管理成熟度跃升。大力推进质量管理与信息化相融合，建设覆盖紧固件制造全流程的质量管理系统，不断强化质量治理能力。深入客户现场开展质量走访和蹲点，及时响应紧固件安装改进需求，着力建设紧固件适应性安装实验室，研究安装工艺，优化安装工具，制定安装规范，增强客户价值创造能力，促进行业安装技术发展，有力保障装备连接强固可靠。

（四）深化系统集成应用，推动离散制造数智化转型

深化新一代信息技术在紧固件研发、制造、检测各环节的应用，统筹制定离散制造数智化转型升级总体方案并部署实施。统筹建设PLM[①]平台实现紧固件三维工艺设计，产品结构化数据直达生产现场，协同设计能力明显提升。应用工业机器人、在线检测等技术打造工序全流程自动化，实现产品关键数据100%在线检测。围绕热镦、收口等关键工序建设12个自动化机群，不断推进快速换型换模、自适应控制等智能化应用，实现集群化协同生产。

---

① PLM：产品生命周期管理。

选取批量大、工艺稳定的航空发动机螺母等产品开展柔性智能化产线建设，探索多种规格产品混线生产模式，实现效率、效益全面提升。

（五）推进营销体系改革，优化专业化分工布局

坚持"以客户为中心"，多方向、多维度深化营销管理模式，不断提升市场优势地位。统筹利用各制造基地优势资源，按照"产业方向清晰，专业优势突出，资源协同共享"原则，制定专业化分工方案，形成以航天、航空发动机、飞机机体三大领域为主，向民用航空、轨道交通、能源装备等新域新质拓展的配套基地，为市场营销改革布局奠定基础。从传统营销模式向"高层营销+技术营销+客户关系维护"转变，进一步夯实企业市场主体责任，打造专业化营销队伍，精简营销机构，提升服务效能。充分发挥营销公司统筹管理、协调服务职能，实现与客户"一站式"全流程无缝对接，客户满意度显著提高，2020—2024年订单量年均增长10%，有力支撑了经营业绩的快速增长。

（六）推动柔性化生产模式，有效提高应急动员能力

优化生产组织模式，大力推动精益生产，实现生产交付能力大幅增长。创新完善生产管理体系，形成"精益化、自动化、信息化、数字化、智能化"和"单机、单元、机群、产线"两条发展路径，提升柔性生产能力，建立"一户一策"生产交付保障机制。优化现场布局，形成标杆产品族，规划布局数10类生产单元和数10条柔性产线，保证主要产品实现专业化生产。积极推进先进制造技术，深入应用三维设计与仿真模拟技术、近净成形工艺技术、智能检测技术、精益组线技术等先进手段，实现重点型号交付周期缩短30%以上。制定《航天精工股份有限公司成本致远三年行动方案（2021—2023）》（精工财〔2021〕91号），实施全员、全业务链精细化成本管控，交付高质量、低成本的配套产品。

三、经验启示

（一）坚持总揽全局、加强顶层设计是提升企业治理能力的重要保障

航天精工党委坚定落实中国航天科工党组要求，把坚持系统观念作为进一步全面深化改革的重要原则，有效发挥党总揽全局协调各方的领导核心作用。加强顶层设计，系统构建"1+2+6"企业价值创造管理新体系，增强改革的系统性、整体性、协同性，为经营发展提质增效提供了重要保障。

（二）坚持新发展理念是引领改革发展的科学导向

航天精工坚持以新发展理念引领改革发展，在经营思想方面追求主责主业、质量优先，在市场定位方面支撑新域新质、突出创新引领，在发展目标方面增强核心能力、对标世界一流，充分体现在发展新阶段以新发展理念指导经营工作，以科学导向产生良好效应，向做精做优做强持续发展。

（三）坚持自主创新是推动高质量发展的必由之路

航天精工对标世界一流企业，强化技术投入，大力开展技术创新和基础工艺攻关。推动了一批智能、核心、集成类创新项目的落地实施，使企业的核心技术加速累积，创新能力不断增强，高端装备支撑能力和经营质量稳步提高。

（四）坚持数字化智能化发展是产业化创新发展的重要基础

航天精工通过全面推进数字化生产管理大幅提升生产效率，通过开展智能化、柔性化产线建设显著缩短重点产品交付周期，有效提升批产质量稳定性，为产业化创新发展奠定了坚实基础。

吉林梅花氨基酸有限责任公司：科技创新，打造氨基酸产业龙头企业

【引　言】 2023年5月，习近平总书记在主持召开二十届中央财经委员会第一次会议时强调，"要大力建设世界一流企业"。吉林梅花氨基酸有限责任公司（以下简称吉林梅花）坚持科技创新引领，持续完善延伸产业链条，加快发展新质生产力，努力走出一条优质化、智能化、绿色化的高质量发展之路，不断向世界一流企业迈进。

【摘　要】 吉林梅花秉承建设"环境友好型、资源节约型、科技创新型、质量安全型"企业的发展理念，在科技创新、产品质量、绿色制造、数智转型、社会责任等方面持续发力，致力树立业界新的标杆。2024年9月，投资40亿元新建年产60万吨L-赖氨酸项目，着力打造更高智能、更高装备水平、更高技术集成、更优环保治理的世界一流氨基酸制造基地。

【关键词】 氨基酸；科技创新；绿色制造；世界一流

一、背景情况

吉林梅花隶属于梅花生物科技集团，是一家致力于氨基酸研发、生产、销售的全产业链玉米精深加工企业，现拥有L-赖氨酸生产线2条，产能70万吨/年；谷氨酸钠生产线1条，产能30万吨/年；黄原胶生产线1条，产能2万吨/年。产品出口欧洲、南美洲、大洋洲、非洲等六大洲的100多个国家和地区。吉林梅花专注于打造生物发酵高端产业平台，通过全系列的研、产、供、销服务，灵活满足全球不同客户的差异化需求以及快速创新追求。2024年9月，新开工年产60万吨L-赖氨酸项目，着力打造更高智能、更高装备水平、更高技术集成、更优环保治理的世界一流氨基酸制造基地。项目建成后，吉林梅花L-赖氨酸产能将达到130万吨/年。

二、主要做法

（一）以创新驱动引领世界一流

始终坚持"科研产业化"原则，不断加大科技创新力度，依托工业化应用能力和领先行业的技术指标，持续增加在合成生物学技术应用方面的研发投入，自主研发和改良高性能菌种，改进发酵及提取工艺，有效提升生产效率，优化产品质量，降低生产成本。在菌种改造、菌种发酵、提取技术、副产品增值等方面拥有领先的核心技术和知识产权，技术指标长期保持行业领先地位。

（二）以产品卓越支撑世界一流

深耕"氨基酸+"战略，以先进工艺生产线扩充产能，不断提高产品市场占有率。针对有成本优势、技术持续迭代且市场需求仍有空间的产品，坚决迅速扩充产能，陆续增加味精、赖氨酸、黄原胶等优势产品产能，不断扩大经营规模，确保企业生产综合成本更低，核心竞争力更强。

（三）以绿色发展保障世界一流

积极打造"双碳"企业，建设资源综合利用一体化生产线，从玉米原料、生产环节中自供的电热汽、产品、废水一直到生物有机肥，实现能源梯级循环利用。利用厂房屋顶建设光伏发电，利用发酵尾气回收热能再利用。开展赖氨酸、谷氨酸钠产品碳足迹认证，建立碳排放管理体系，按期开展碳排放监测。

（四）以数智转型夯实世界一流

在确保现有连续稳定生产的同时，利用MES系统升级改造契机，进阶排产方法，打通计划变更管理流程，形成标准文件，实现生产计划全流程监控，奠定建设智能工厂的坚实基础。

（五）以社会责任坚守世界一流

在自身快速发展、全力提升经济效益的同时，始终坚持"回馈社会、帮贫助弱"的社会使命，积极支持公益事业发展，主动组织参与乡村振兴、爱心捐赠、贫困助学等各类公益活动。同时，积极助力企业所在地经济社会发展，促进上下游产业发展，尤其助力农民增收，通过优化农户送粮结算流程、缩短结算时间，减少中间商环节，带动当地农民增收致富。

三、经验启示

（一）企业要做大做强，应该精准把握国家政策导向，不能漫无目的盲目发展

吉林梅花在发展壮大过程中，始终紧跟国家政策导向，明确企业发展方向和发展目标，集中力量向既定目标前进，做到一张蓝图绘到底。

（二）企业要做大做强，应该始终专注核心竞争力，不断放大产业发展优势

吉林梅花坚持深入主业，竭力全方位做大做强主业，坚持深耕赖氨酸领域，通过优化资源配置和整合方式，更加高效利用现有资源，提升整体运营效率，提高企业的产品和服务质量，在激烈的市场竞争中始终保持优势地位。

（三）企业要做大做强，应该敢于创新善于创新，为高质量发展创造澎湃动能

吉林梅花面对不断变化的市场及消费需求，在抓好企业延续性发展的同时，敢于破旧立新、冲出舒适区，从企业管理到技术迭代，全方位变中求新，以最新的理念引领发展，抢占行业发展制高点。

（四）企业要做大做强，应该始终秉承初心使命，坚持高标准履行社会责任

吉林梅花始终不忘企业创立时的初衷和核心价值观念，将其作为企业发展重要基石。面对市场竞争和外部环境的不断变化，牢固树立社会责任理念，充分发挥自身优势，聚焦乡村振兴、兴农富农、助贫扶弱，大力开展履责实践，充分彰显企业社会担当。

六

推动信息通信业高质量发展

统筹推进新型信息基础设施建设，全面加快新一代信息通信技术研发和产业发展，大力促进信息通信业融合应用赋能，推动行业高质量发展迈出新步伐，为新型工业化夯实数字基础。

威海市：打通梗阻，推行5G基站建设"一件事"审批模式

【引　言】　2024年5月，习近平总书记在山东省考察时指出，"要聚焦推进中国式现代化，在解决制约高质量发展的突出矛盾上下功夫，在完善制度、健全机制、激发活力、增添动力上用实劲"。威海市积极推行实施5G基站建设"一件事"集成办工作，有力助推5G基站审批高效、建设精准、信号升格。

【摘　要】　威海市出台《威海市关于推行5G基站建设"一件事"集成办工作实施意见》，推行实施5G基站建设"一件事"集成办工作，精简审批事项，在城市建设和改造过程中落实5G基站及配套设施建设空间，简化5G基站用地审批。梳理形成涉及7个主要部门的10项审批和审查事项清单，合并、简化流程，避免重复审批。创新审批模式，新建5G基站审批采取线上线下相结合的办法，"一次告知、一表申请、一套材料、同步审批、限时办结"，有效破解了5G建设审批标准、流程中存在的短板问题，疏通建设审批"中梗阻"，为推进全市5G网络建设，支持5G行业应用向纵深发展筑牢网络基础。

【关键词】　5G基站建设；精简审批；一次办好

一、背景情况

5G作为支撑经济社会数字化、网络化、智能化转型的关键新型基础设施，是落实网络强国、数字中国建设的重要抓手，也是推动经济社会高质量发展的重要动力。通过前期调查摸排发现，威海市在5G基站建设审批环节存在一些不足，如在基站建设立项、建设方案、施工许可审批等方面没有明确规定，缺乏市级统一的审批标准与规范流程。为有效破解上述短板问题，疏通建设审批"中梗阻"，在吸取其他城市先进经验的基础上，威海市工业和信息化局会同5G专班各成员单位针对5G基站建设的审批流程、建设规范等关键要素进行了充分的考察论证，研究出台《威海市关于推行5G基站建设"一件事"集成办工作实施意见》，推行实施5G基站建设"一件事"集成办工作，进一步提升网络覆盖广度和深度，推动5G融合应用在千行百业快速落地部署及复制推广。

二、主要做法

（一）规划先行，统筹推进

坚持高标准引领，结合威海市实际，制定《威海市移动通信基础设施空间布局规划（2020—2035年）》，为全市通信基础设施建设指明了发展方向和具体路径。注重统筹兼顾，秉持全市规划"一盘棋"的思想，在制定之初就将通信基础设施规划充分纳入国土空间规划体系之中，避免了"规划打架""数据烟囱"问题。强调切实可行，将规划目标任务细分到不同年份、具体点位，并对基站建设标准、优先级、应用场景等提出明确要求，确保目标任务真正落实落地。已实现市区主城区，各区市核心区域，以及政府机构、热门景点、核心商业区、交通枢纽、重点医院和院校、重大赛事活动场馆等重点应用区域5G信号室外连续覆盖，986公里海岸线的近海连续覆盖及远海重点覆盖。

（二）流程再造，高效审批

精简审批事项，在城市建设和改造过程中落实5G基站及配套设施建设空间，简化5G基站用地审批。梳理形成涉及7个主要部门的10项审批和审查事项清单，合并、简化流程，避免重复审批。新建项目主体工程配建5G基站随主体工程同步审批、同步施工，特殊项目必要时可采取"一事一议"。创新审批模式，新建5G基站审批采取线上线下相结合的办法，"一次告知、一表申请、一套材料、同步审批、限时办结"。线下实行一窗综合受理，通过统一受理、后台流转、联合审批，实现一次办好。线上一次申请，依托威海市一体化政务服务平台，定制开发5G基站建设"一件事"功能板块，申请人通过威海政务服务网"一件事"专区进行线上申报，相关申报信息通过系统进行流转，通过业务协同和数据共享、部门联合审批，实现一网通办、一次办好。在各部门联合推动下，累计解决5G基站建设进场问题2000余个，全市基站直供电比例从2020年初的57%提升至2024年底的85%，年均为通信行业节约电费1200多万元。

（三）共建共享，资源互补

出台《关于加快5G网络建设推动5G产业发展的实施意见》，坚持"开放是常态、不开放是例外"原则，推动社会公共资源共享利用。各部门形成联动机制，中国铁塔威海分公司梳理需求清单，各级政府、部门共同协调推动公共设施、公共资源向5G基站开放，全力支持5G基站建设。针对公共绿地内5G基站建设存在的审批流程不明确、标准不统一等问题，印发《关于进一步畅通公共绿地5G基站建设审批流程的通知》，规范公共绿地建设审批流程，推动"公共绿地等公共设施向5G基站建设免费开放"

政策落地。实行5G基站配建工程与主体工程"五同步"。住建、审批等部门根据相关标准规范，将5G基站作为新建、改建、扩建建筑的公共配套设施，确保5G基站等移动通信设施与建筑物同步规划、同步设计、同步审批、同步建设、同步验收。截至2024年底，中心城区居民小区电梯、地下停车场深度覆盖比例近70%，覆盖比例位居山东省前列。

三、经验启示

威海市推行5G基站建设"一件事"审批模式，通过出台《威海市关于推行5G基站建设"一件事"集成办工作实施意见》，有效破解了5G建设审批标准、流程中存在的短板问题，切实解决5G基站建设中的堵点、难点。建设单位根据5G基站实际需求，只需要线上一次申报、提交一套材料，即可同步办理多个事项，大大提高了审批效率，降低了企业的办事成本，实现数字城市与精致城市建设深度融合发展。

深圳市：打造极速先锋城市

【引　言】 2021年10月，习近平总书记在主持中共中央政治局第三十四次集体学习时强调，"要加快新型基础设施建设，加强战略布局，加快建设高速泛在、天地一体、云网融合、智能敏捷、绿色低碳、安全可控的智能化综合性数字信息基础设施，打通经济社会发展的信息'大动脉'"。近年来，深圳市加快构建信息基础设施，打造极速先锋城市。

【摘　要】 深圳市通过实施5G室内分布系统规模部署、OTN①节点延伸、家庭宽带用户千兆普及、城中村宽带网络整治等专项行动，建成高速率、大容量、低时延的超级宽带网络，实现"双千兆、全光网、1毫秒、万物联"网络建设目标。连续两年获国务院"建设信息基础设施和推进产业数字化成效明显市（州）"督查激励，千兆城市各项指标持续全国领先。

【关键词】 信息基础设施；双千兆；极速先锋

---

① OTN：光传送网。

一、背景情况

近年来，围绕加快推进新型工业化，夯实"数字底座"，打造网络与通信产业集群，深圳市加快构建信息基础设施发展政策体系，相继出台《深圳市信息通信基础设施专项规划》《深圳市推进新型信息基础设施建设行动计划（2022—2025年）》《深圳市支持新型信息基础设施建设的若干措施》等文件。2023年2月，出台《深圳市极速先锋城市建设行动计划》，提出到2023年底前建成高速率、大容量、低时延的超级宽带网络，实现"双千兆、全光网、1毫秒、万物联"网络建设目标，打造极速先锋城市。深圳市连续两年获国务院"建设信息基础设施和推进产业数字化成效明显市（州）"督查激励，千兆城市各项指标持续全国领先。

二、主要做法

深圳市政府成立市工业及新型信息基础设施项目指挥部，组建极速先锋城市建设工作专班，加强各区、各部门、各行业联动，全年召开20次调度会议，以钉钉子精神逐项解决建设过程中的难点堵点，持之以恒，久久为功，切实推动行动计划落实落细。

（一）先锋接入，打造"双千兆"标杆城市

一是加快5G建设，建成5G基础网络。开展移动通信基站直供电改造。印发3批次公共场所资源开放目录，开放公共场所资源16036个。出台关于5G基站建设协调工作指引的通知，推行问题清单解决机制和进场协调标准，截至2024年底，累计协调解决18批次共6483个建设难点问题。开展网络测试评估，面向社会征集网络质量提升点位，协调解决22批次共

7215个网络提升难点问题，科学规划新增高速公路覆盖站点58个、郊野公园和海域覆盖站点768个。实现全市1078栋高楼、8085个停车场5G信号百分之百覆盖，对4096个工业园区、72个"工业上楼"厂房空间项目开展信号提升工作。升级改造8条地铁线路5G网络，优化完成130处文体场馆、24处旅游景区网络覆盖，特别是春茧体育中心、大运中心、国际会展中心等大型场馆的网络容量和覆盖深度，解决高峰期网络拥塞问题。重点场所5G网络通达率100%，实现700兆赫兹频段5G网络全市连续覆盖。建设5G-A试验网、开展场景应用试点，打造六大5G-A示范区，催熟5G-A产业规模化商用。

二是全面升级光纤网络，打造"全光网、万兆城"。印发《城中村宽带网络整治改造工作实施方案》，完成超100个城中村宽带网络改造。深化千兆光网覆盖，开展10G-PON①端口、OTN节点规模部署，实施"百万用户宽带提速升级"，支持运营商免费升级家庭用户宽带网速至500兆比特/秒及以上，大力发展千兆以上用户，完成全市广电网络"铜转光"改造，推动FTTR②建设应用，开展工业园区网络升级改造。

三是构建普惠通信网络，提升公共无线局域网综合品质。印发《深圳市公共无线局域网综合品质提升工作方案》，把十大公共场所和交通枢纽、应急处置等重点场所作为网络保障区域，推动全市域人群密集区域网络全覆盖。推动"深圳市公共无线局域网统一认证管理服务平台"项目建设工作。研究起草《深圳市城市公共无线局域网建设标准及服务规范》，规范提高建设运维运营服务质量。打造城市级高品质无线局域网，为市民提供高速率网络服务，用户峰值速率不低于100兆比特/秒。

---

① 10G-PON：万兆无源光网络。
② FTTR：光纤到房间。

（二）先锋算力，夯实数字经济发展底座

一是优化数据中心顶层设计。出台《深圳市算力基础设施高质量发展行动计划（2024—2025）》，从统筹优化算力基础设施布局、打造多元算力供给体系、提升存力高效保障、提升算力运载能力、促进绿色低碳算力发展、创新推动算力产业生态发展、强化算力基础设施安全发展等7个方面，提出15个指标、20项具体举措，构建通用、智能、超级计算和边缘计算协同发展的多元算力供给体系。

二是优化布局算力基础设施，形成新型算力支撑体系。加快构建"超级计算+智能计算+边缘计算+家庭数据中心"多元协同、数智融合的算力体系。依托鹏城云脑和国家超级计算深圳中心等大力发展超级计算、智能计算数据中心，提供世界一流的高性能计算、人工智能计算服务。支持利用新技术、绿色能源等建设新型数据中心。科学布局边缘数据中心，打造城市内1毫秒算力时延圈。加强数据中心节能监测，探索打造全市算力网络和算力监测调度平台，为深圳市"20+8"产业集群[①]以及数字化转型发展提供算力支撑。出台《深圳市关于促进消费的若干措施》，发展数字家庭用户，提供家庭数据中心硬件产品和"3T"服务套餐[②]。

三是加快关键通信网络设施建设。稳步推进新型互联网交换中心试点建设，建成"覆盖广深、辐射湾区、天地一体"的全光高速网络，实现深圳市企业互访平均时延低于1毫秒，较跨网访问时延降低92%。发布粤港澳大湾区一体化算力服务平台，提供算力调度、算力交易、算力应用和算

---

① "20+8"产业集群：网络与通信、半导体与集成电路、超高清视频显示、智能终端、智能传感器、软件与信息服务、数字创意、现代时尚、工业母机、智能机器人、激光与增材制造、精密仪器设备、新能源、安全节能环保、智能网联汽车、新材料、高端医疗器械、生物医药、大健康以及海洋产业等20个战略性新兴产业集群，以及合成生物、区块链、细胞与基因、空天技术、脑科学与类脑智能、深地深海、可见光通信与光计算、量子信息等8个未来产业发展方向。

② "3T"服务套餐：指向用户提供1T云存储空间/年、1T网络流量/月、1T学习资料/月的服务套餐。T为太字节，计算机存储容量单位。

力安全等一站式算力服务。研究编制《深圳市互联网域名F根镜像服务器^①及运营平台建设项目可行性研究报告》，持续提升深圳市互联网服务水平。

（三）先锋感知，筑牢城市万物互联根基

一是加快规模部署，协同构建物联感知体系。完善物联感知体系规划指引，编制全市物联感知传输网络建设指引。开展重要民生工程水务燃气智能表计项目，推动智能表计等感知终端在供水、供气等方面的规模应用部署，提高居民生活数字化服务水平。

二是推进多功能智能杆规划建设和复合利用同步发展。规划建设多功能智能杆，为城市感知网络建设管理奠定良好的"硬"设施基础，打造智慧交通、通信网络、城市管理、公共安全、智慧能源等多种应用场景。构建专项规划、地方标准、管理办法三位一体的顶层架构，建成全市统一的多功能智能杆综合管理平台。

三是加强卫星与地面通信融合应用。编制《深圳市建设空中互联网极速先锋城市的方案》，研究推动深圳市卫星通信运营商、航空公司等对往返深圳市的飞机进行改装，实现航班空中网络覆盖，建设空中互联网极速先锋城市。

（四）先锋应用，赋能产业高质量发展

一是深化"双千兆"网络应用创新。推动5G应用创新发展，面向社会征集遴选了具有典型示范意义的10个先锋应用优秀案例和90个解决方案。第七届"绽放杯"5G应用征集大赛中，深圳市相关项目获得标杆赛金奖1个、铜奖1个，一等奖1个、二等奖1个、三等奖1个、优秀奖

---

① F根镜像服务器：互联网域名系统（DNS）中根服务器的镜像节点之一，主要用于提高DNS的可靠性和性能。

6个，国际赛一等奖1个。IPv6[①]创新生态建设持续突破，印发《深圳市推进IPv6技术创新和融合应用实施方案》，7个项目入围首届IPv6技术应用创新大赛全国总决赛，9个项目入选网络安全和信息化委员会办公室IPv6规模部署和应用优秀案例。"双千兆"网络融合发展，在医疗、教育、工业互联网、港口等领域形成一批有创新性、可复制、可推广的典型应用项目，5个项目获得第二届"光华杯"千兆光网应用创新大赛全国总决赛一等奖。

二是构建产业创新发展生态。举办世界无线局域网应用发展联盟无线局域网应用生态和标准研讨会，金砖国家未来网络研究院中国分院入选国际电信联盟"数字化发展创新创业联盟区域加速中心"。先后承办第四届、第五届"绽放杯"5G应用征集大赛和第二届"光华杯"千兆光网应用创新大赛总决赛、金砖国家未来网络创新论坛、工业和信息化部与国际电信联盟高级别研讨会。国际星闪无线短距通信联盟正式落地河套深港科技创新合作区，成为落户深圳市的第二个国际性产业联盟组织。

三、经验启示

（一）强化顶层设计

构建信息基础设施发展政策体系，针对具体领域，出台行动计划、工作方案、实施方案等文件，细化目标和重点任务，明确责任分工。

（二）完善工作推进机制

深圳市政府成立市工业及新型信息基础设施项目指挥部，组建极速先

---

① IPv6：互联网协议第6版。互联网工程任务组设计的用于替代IPv4的下一代IP协议。

锋城市建设工作专班,建立市、区、街道、企业主体联动机制。市领导牵头,定期组织召开调度会议,以项目化管理的方式推进各项工作任务,以钉钉子精神逐项解决难点堵点,确保各项工作取得实效。

(三)实施专项行动

针对重点领域实施5G室内分布系统规模部署、OTN节点延伸、公共无线局域网综合品质提升、家庭宽带用户千兆普及、工业园区网络升级改造、城中村宽带网络整治、数字家庭"3T"试点、水务燃气智能表计规模部署等专项行动。持之以恒,久久为功。

国家（杭州）新型互联网交换中心：先行先试，探索我国新型互联网交换中心发展路径

【引　言】 2024年11月，国家主席习近平在向2024年世界互联网大会乌镇峰会开幕视频致贺中指出，"加快推动网络空间创新发展、安全发展、普惠发展"。国家（杭州）新型互联网交换中心（以下简称杭州交换中心）通过技术模式创新、安全生态共建和普惠服务推广，实现了"一点接入，多点连通"，为推动我国网络持续向扁平化、智能化、敏捷化发展积累了良好经验。

【摘　要】 杭州交换中心依托中立开放的身份和互联互通优势，立足区域汇集，推进枢纽协同，为产业发展提供更加便捷高效的网云算数智互联服务，为新型工业化进一步筑牢数字基础设施底座。网云互联方面，截至2024年底，接入288家企业、接入带宽49.8太字节、峰值流量8.63太比特/秒，累计为接入企业节省网络成本超5.1亿元。算力互联方面，纳管25个算力资源池，算力规模达13.9EFLOPS[①]，累计撮合交易额超2000万元，算力调度时延下降超过80%。

【关键词】 交换中心；新型基础设施；互联互通；提质降本

---

① EFLOPS：ExaFLOPS的缩写，表示每秒进行百亿亿（10^{18}）次浮点运算，是衡量计算机或计算系统浮点运算能力的单位。

一、背景情况

通过交换中心进行网间互联互通是全球互联网通行做法。与传统骨干直联模式相比，交换中心互联模式具有网络架构更加扁平、互联主体更加丰富、节点更加下沉、运营更加开放的特点，使得互联效率更高、经济效益更好、资源消耗更少、运营成本更低，更有利于国家对网络进行监管，建立更加安全、合规的互联网基础架构。为完善国内基础网络顶层架构，2019年，工业和信息化部正式批复在杭州市建设国内首个新型互联网交换中心。自成立以来，杭州交换中心积极搭建安全有序的网络互联渠道，打造互利共赢的流量疏导模式，塑造百花齐放的网络互联生态，为我国新型互联网交换中心的发展探索了有效路径。

截至2024年底，杭州交换中心已接入288家企业，接入带宽49.8太字节，峰值流量8.63太比特/秒，平均网间互联时延5.41毫秒。企业接入后，平均网络跳数减少2.4跳，平均抖动下降37%，可靠性提高至99.99%，大大提升了网络运行质量。同时鼓励流量交换双方采用免费对等的互联模式，无须再向运营商支付高额的带宽或流量费，累计为接入企业节省网络带宽成本超5.1亿元。已纳管25个算力资源池、开发100余个互联接口，算力规模达13.9EFLOPS，累计产生交易额超2000万，实现算力调度时延下降超过80%。

二、主要做法

（一）筑牢基础网络体系

在物理网络建设方面，建成以杭州市为核心、以浙江省为主阵地，辐射全国的互联接入与流量交换网络体系。依托浙江省内"双核多星"网络架构，实现对浙江省全域11个地市的覆盖，满足浙江省内企业的便捷接入需求。在长三角枢纽内，与国家（上海）新型互联网交换中心实现互联，通过各自汇聚区域内企业并协同联动，满足长三角枢纽内流量交换需求。同时，在全国范围与主流云服务厂商十余个区域实现预连，网络节点覆盖全国各大主流城市。当前，杭州交换中心已构建形成区域内汇聚、枢纽内协同、枢纽间贯通的互联网络格局。在底层技术体系方面，采用弱中心化技术，有效解决网络性能瓶颈、扩展性差和路径延长问题。通过层次化分布式架构降低网间互联时延77%以上，大大提高数据转发的效率。安全方面，建立了包括全球路由监测系统、云端边界安全防护系统和数据信息安全监测系统在内的立体防护体系，提高路由、云和信息安全的监测、预警和响应能力，确保网络和信息安全。

（二）健全互联互通生态

杭州交换中心作为新型网络基础设施与流量交换枢纽，基于"一点接入、多点连通"的平台化价值属性，积极探索创新业务，健全五大领域，逐步形成网、云、算、数、智一体化互联体系，有效服务产业发展。在网间互联方面，各接入企业可基于端口，按照"开放""平等"的原则开展流量交换。在云间互联方面，企业接入杭州交换中心即可实现本地机房与云上资源互通，一站式构建混合云、混合多云和多云互联网络，杭州交换中心荣获首批可信云多云互联能力认证。在算力互联方面，杭州交换中心打造了浙江省一体化算力服务平台，汇聚、统筹区域内跨行业、跨地区、跨层级的算力服务资源池，实现多元异构算力资源融合调度和弹性供给。在数据互联方面，围绕可信管控、资源交互、价值创造构建数据要素核心能力，积极探索构建"跨境+行业"可信数据空间，助力企业海外发展与数智发展。在人工智能互联方面，积极探索智能互联互通体系，解决智能体无法跨平台协作、智能体间调度机制单一等问题，实现智能体间的协同调度，满足复杂、动态、多目标任务需求，同时满足监管要求。杭州交换中心立足中立、开放的互联互通生态位，通过中国互联网协会互联网互联互通工作委员会等平台一同构建互联伙伴生态，积极参与、推进技术创新、合作交流与行业发展。与国内外知名行业机构、科研院所、高校、电信运营商、网络服务商、科技厂商、工业互联网和数据中心等行业主体开展广泛合作，共同打造我国基于中立、开放的互联互通网络架构的新模式、新业态。

（三）引领行业创新发展

突破行业技术瓶颈，自研软件定义交换中心控制器，有效解决现有网络控制器的跨厂商设备兼容性差、不支持交换中心业务、开放程度低等问题。通过虚拟化网元体系将中心化实体网络打散成弱中心化虚拟网络，实现网络能力深度开放，基于NETCONF[①]+CMD[②]+API[③]混合模式，实现多厂商设备100%纳管、端到端业务配置和低代码业务编排，可有效支撑交换中心新型网络业务的跨层、跨域、跨厂商自动化部署和交换中心间网络协调联动机制。在行业标准和专利著作方面，积极参与推进行业标准化建设，先后成为中国互联网协会、工业互联网产业联盟等机构成员单位，牵头成立浙江省通信学会新型数字基础设施专业委员会。在技术创新方面，广泛与行业伙伴、科研院校、协会机构合作，弱中心化交换互联关键技术及应用获得中国通信学会科学技术奖二等奖、浙江省通信学会科学技术奖一等奖。

---

① NETCONF：一种网络配置协议，用于管理网络设备的配置信息。
② CMD：即命令提示符，是传统的网络设备管理方式。
③ API：一种允许不同软件系统之间进行交互的接口。

三、经验启示

（一）建立互联网交换中心与骨干直联点结合的立体化网间互联架构

杭州交换中心与杭州市、宁波市国家级骨干直联点协同发挥连接各层级网络和疏通网间流量的重要作用，显著提高区域网络基础设施服务能力，助力浙江省成为全国互联网网络资源和信息资源汇聚中心之一。

（二）推动形成互利共赢的网间互联新生态

杭州交换中心在鼓励开放对等互联成为主要流量交换方式的同时，允许部署多形态的互联和结算模式，满足各接入单位多元化互联需求。凭借接入便利性、互联灵活性和开放性，为民营企业提供了高效互联互通环境，降低民营企业与其他各方互联的复杂度和成本，有力支撑本地互联网企业、互联网接入服务商、IDC①企业等发展。

（三）探索形成政府指导下的企业联合建设运营模式

杭州交换中心采取国有资本为主体、民营资本共同参与的方式，由浙江移动等3家国有电信运营商承建项目主体，由华数为代表的省内国企和以阿里云为代表的省内民企共同参与，既能确保交换中心具备较高的中立性和可持续性，又能充分满足业务经营许可要求。

---

① IDC：互联网数据中心。

中国移动通信集团有限公司：打造"先进、智能、安全、高效"的新型工业互联网基础设施

【引　言】 2019年10月，习近平总书记在致工业互联网全球峰会的贺信中强调，"持续提升工业互联网创新能力，推动工业化与信息化在更广范围、更深程度、更高水平上实现融合发展"。党的二十届三中全会《中共中央关于进一步全面深化改革　推进中国式现代化的决定》提出，"加快新一代信息技术全方位全链条普及应用，发展工业互联网，打造具有国际竞争力的数字产业集群"。中国移动通信集团有限公司（以下简称中国移动）不断深化改革，提升科创能力，主动履责担当，为中央企业稳增长、服务经济社会发展作出积极贡献。

【摘　要】 中国移动统筹开展物联网及5G专网核心网建设，致力于打造"先进、智能、安全、高效"的新型信息基础设施，项目总投资约16.7亿元。通过全云化、全融合的ToB核心网，支持2/4/5G/NB①多制式统一接入。基于"控制面集中+省级业务疏通+边缘按需下沉"3层网络架构，通过公网和专网高效协同，为行业提供泛在、优质连接的5G ToB核心网。开展安全、可靠相关能力建设，保障网络安全和业务发展。开展融合创新试点，不断丰富面向行业场景的产品供给，积极培育5G工厂，持续赋能千行百业。

【关键词】 物联网及5G专网；5G+工业互联网

---

① 2/4/5G/NB：2G、4G、5G（移动通信），窄带宽。

一、背景情况

5G是新基建领头羊，是数字经济发展的重要引擎和千行百业高质量发展的重要驱动力。同时，5G也带来了运营商服务范式的重大变革，是从以人为主、场景单一、速率提升的消费互联网迈向万物互联、场景多样、速率倍增、能力多维、按需供给的产业互联网的关键钥匙，是服务于垂直行业数字化转型的重要手段，因此5G网络是否能够满足垂直行业的需求，能否有效推动产业互联网变革，能否服务好垂直行业，是5G网络能否真正成功的关键。

中国移动自2020年启动5G SA[①]网络建设，为确保大众市场网络稳定，同时支持垂直行业网络敏捷迭代更新及物联网业务专网、专卡、专用的要求，中国移动规划建设了物联网专用核心网。通过采用云化方式，控制面集中部署在大区资源池、用户面下沉至各省，为ToB垂直行业提供5G服务。2022年中国移动明确了物联网专用核心网目标架构及演进策略，以2025年实现全融合、全云化为目标，构建了3层网络架构及一系列5G网络专用产品体系、专网能力与解决方案，持续加快新型信息基础设施优化升级，深化信息通信业融合应用赋能。

二、主要做法

（一）化简调优精架构

基于网络发展目标架构，逐步构建一张云化融合、功能多样、接入统一、立体分层、运维集约的物联网专用核心网。在传统物联网专网和5G

---

① 5G SA：5G独立组网。

SA ToB核心网的基础上，通过两期工程建设，构建"集中+边缘"的分层网络，建成支持2/4/5G/NB多制式统一接入、满足15.2亿订购用户业务需求的物联网云化融合核心网。全云化融合核心网的建设使中国移动能够采用更加先进的网络架构优化网络资源的配置，从而提高网络运行的灵活性和效率。全云化融合核心网通过构建高可靠性的网络架构，如支持网元间地域级容灾、负荷分担等备份方式，有效提升网络可靠性，降低故障发生概率，保障业务连续性。全云化融合核心网支持实时、按需、全在线的服务模式，能够更快速地感知业务变化、响应市场需求，提供更加优质、高效的服务。

（二）按需灵活定产品

面向不同行业的多层次、多样性需求，创新构建涵盖网、边、端、一体机的UPF[①]、UPF+、定制化核心网等三大类30余款产品，提供"网络+算力"一体化整体业务能力和解决方案。边缘计算基础设施具备边缘及边缘增强计算节点、虚机、裸金属、容器、云服务等能力，可以灵活满足行业客户边缘计算需求。根据不同业务需求、特定行业安全管控要求，提供"极简通用版""容灾增强版""安全独享版"三大类定制化5G核心网产品。专网产品在工业领域的广泛应用有助于提高企业生产效率和竞争力，推动工业企业转型升级和创新发展。

（三）创新实用促转型

聚焦业务需求、网络适度先行、促进产业协同，择优引入3GPP R16/R17/R18[②]标准新能力。结合中国特色工业行业业务需求，完善物联网核

---

① UPF：用户面功能。
② 3GPP R16/R17/R18：通信国际标准组织3GPP所推出的5G协议标准的3个版本。

心网定制化能力。以支撑工业行业发展为宗旨，以保障网络安全可靠为前提，以建设精品网络为目标，建立新技术标准能力的评估体系并制定引入策略，全面引入RedCap①、5G LAN②等标准能力；针对特定需求，定制路由优化、高效分流等个性化解决方案，构建差异化网络能力；通过技术攻关、试点验证、规模商用等方式全面引领物联网及5G专网及物联网技术创新、推动产业成熟，构建起技术领先的新型5G工业互联网基础设施，打造运营商服务工业行业的典范。

（四）自主可控守底线

坚守网信安全底线，做好区域专网隔离防护，保障网络安全、业务安全、数据安全。面向物联网核心网部署新形态，引入关键网元全量备份、热备份、惯性运行、网络全阻保护、应急控制面等安全手段，进一步提升网络健壮性。针对物联网核心网相关设备的CPU③、操作系统、数据库等关键组件，持续提升自主可控水平。

（五）千行百业竞扬帆

5G商用以来，中国移动持续推动5G向智慧工厂、智慧矿山、智慧核电、智慧物流、智慧石化等更多新领域创新应用，促进5G赋能各行各业。以5G为抓手，全面推动5G工厂建设，助力企业提质、降本、增效，进一步释放数智化转型价值。中国移动181个项目入选《2024年5G工厂名录》，占比超45%。中国移动7个项目入选2024中国5G+工业互联网大会"年度标杆示范案例"，35个项目入选"行业典型应用案例"。

---

① RedCap：轻量化。
② LAN：局域网。
③ CPU：中央处理单元。

三、经验启示

（一）以终为始

从全局出发，明确目标，科学规划。实施过程中，结合实际需求，灵活调整资源配置，有序推动各项工作，确保任务高效完成。

（二）扎根实际

立足工业领域现状，深刻洞察现实问题，将理论与实际相结合，不断完善实践路径，让成果既有深度又有广泛的社会价值。

（三）包容开放

多学科视角的交叉与融合，全方位地剖析难题，为学术研究带来新动力，同时为实践应用拓展更为广阔的路径。

（四）协同创新

通过促进不同领域、机构间的深度合作与交流，有效提升人才培养质量、加强学科建设、推动科研创新，拓宽社会服务范围、提升社会服务水平。

麒麟软件有限公司：打造操作系统中国品牌

【引　言】　2023年2月，习近平总书记在中共中央政治局第三次集体学习时强调，"要打好科技仪器设备、操作系统和基础软件国产化攻坚战"。麒麟软件有限公司（以下简称麒麟软件）作为国产操作系统龙头企业，不断增强核心功能，提升核心竞争力，扎实打造国产操作系统原创技术策源地。

【摘　要】　在信息化与工业化深度融合的背景下，操作系统对新型工业化进程起到了至关重要的支撑作用。麒麟软件开发的麒麟操作系统支持各类高性能计算、工业控制系统、嵌入式设备及物联网设备，为智能制造提供基础平台支持，为工业领域的数字化转型、创新驱动提供强有力的技术支撑。

【关键词】　信息安全；操作系统；基础软件；网信产业

一、背景情况

麒麟软件是中国电子旗下的科技企业，2019年12月由天津麒麟和中标软件整合而成，致力于打造世界级操作系统中国品牌。麒麟软件自整合以来，持续做强做大，主导成立了桌面操作系统开源社区openKylin，旗下操作系统产品先后荣获国家级、省部级和行业奖项600余项。

二、主要做法

（一）坚持系统思维，打造规范化的技术研发体系

根据市场需求，麒麟软件在全国范围内布局6个研发基地，其员工中近70%为技术研发人员，并面向全球招聘高层次人才，不断夯实操作系统科技创新人才力量。麒麟软件采用"应用一代、研发一代、预研一代"的产品研发策略，针对性设立产品研发中心、研究院和技术实验室等研发管理体系，并以"组织+平台+质量"3驾马车为牵引，深入贯彻产品集成研发管理流程，组建项目研发管理团队，搭建代码审核、集成构建、源码编译等多个管理平台，实现了质量管理在研发过程的全流程嵌入，产品研发周期由6个月缩短到4.5个月，产品研发成本降低23%。

（二）形成"贡献开源、反哺产品"的技术创新模式

主导成立首个中国桌面操作系统开源社区openKylin，社会会员超过202万人，形成125个SIG[①]，含操作系统内核、驱动、基础组件、开发框架、系统安全、人工智能等操作系统关键技术方向。2024年，完成open-

---

① SIG：特殊兴趣小组。

Kylin开源社区向开放原子开源基金会的捐赠,实现openKylin社区由企业治理向产业治理的转变。作为openEuler开源社区发起者,以维护者身份承担80个项目;积极参与Linux Kernel、OpenStack等多个国际开源社区。

(三)打造以联合创新为基础的产业链生态体系

设立生态专项基金,发布"麒心伙伴"行动计划,构建覆盖全国的专业化生态适配中心和标准化的生态适配信息化平台,携手重要软硬件生态厂商开展联合认证,举办生态合作大会和开发者大会,联合生态伙伴和行业央企开展联合创新,实现重要领域以应用带动信息基础设施创新突破,打造了丰富的基础通用和行业应用生态体系。

(四)搭建"反馈—解决"模式的快速响应技术服务体系

为提升服务质量,打造"麒心优服"品牌,构建3级技术服务体系,打通前中后场,衔接区域、行业技术服务团队与产品、研发等部门的双向互动,完成"做大前场、做强中场、夯实后场"的科学部署。在全国31个省会城市和5个计划单列市建立服务网点,将技术服务团队下沉到各区域一线,并迅速扩大一线队伍,增加整机厂商驻场技术支持力量,构建端到端业务支持模式,为客户提供24小时快速上门应急响应,实现问题的快速解决。

(五)充分发挥"产、学、研、用"的平台支撑作用

联合行业头部单位组建先进操作系统创新中心,其下组建的先进操作系统创新联盟,覆盖产业头部企业、高等院校、科研院所等150余家企事业单位,包括鹏城实验室、信息安全国家重点实验室、软件工程国家工程研究中心、智能化协同制造技术及应用国家工程研究中心等9个国家级创新平台,共同推动上、中、下游产业链贯通,促进科技创新成果转移转化。

（六）推进技术原创策源和开源合规管理

先后申请专利1000余项，其中授权专利497项，登记软件著作权660余项，被国家知识产权局认定为国家知识产权优势企业。同时，麒麟软件在行业内积极推广开源合规管理，撰写世界主要开源许可证合规使用指南文档，确保产品研发符合开源合规要求。制定开源软件管理规范手册，建设开源软件合规管理平台，实现开源软件引入、选型及使用、漏洞维护、升级迭代及废弃等全流程管理，防范潜在知识产权风险，为国产操作系统的高质量发展保驾护航。

三、经验启示

（一）聚焦技术产品创新，发挥安全支撑作用

银河麒麟操作系统成功保障天问探火、嫦娥探月、载人航天等国家战略任务，充分展现国产操作系统的研发实力和自主创新能力。麒麟软件建设安全生态联盟，汇聚安全伙伴超过120家，打造操作系统内生安全技术体系和自主创新的安全生态。

（二）聚焦国家网信工程，为新质生产力发展提供支撑

银河麒麟操作系统已应用于党政、金融、交通、能源、通信等重点行业，实现了银行关键业务系统等自主产品的突破性应用，全方位支撑国家自主信息化转型升级进程。

（三）以标准引领行业创新升级，为行业技术进步提供支撑

麒麟软件主导和参与编制、修订操作系统相关标准累计112项，包括国家标准40项、行业标准6项，为行业技术进步发展提供科学依据。

七

加强新型工业化引领和支撑作用

加强新型工业化引领和支撑作用，推动新型工业化与城镇化良性互动，支撑带动农业农村现代化发展，高质量服务和保障社会民生。

上海市徐汇区：探索超大城市新型工业化路径

【引　言】　2023年12月，习近平总书记在上海市考察时指出，"推进中国式现代化离不开科技、教育、人才的战略支撑，上海在这方面要当好龙头，加快向具有全球影响力的科技创新中心迈进"。党的二十届三中全会强调，"必须统筹新型工业化、新型城镇化和乡村全面振兴"。上海市徐汇区充分发挥资源禀赋优势，成立新型工业化推进办公室，持续推动产业结构优化升级，推动新型工业化与新型城镇化良性互动。

【摘　要】　推动"工业上楼"建设"智造空间"，是高效利用土地资源的重要探索，是顺应产业间跨界整合与深度融合趋势、筑牢制造业根基、发展新质生产力的重要抓手。以上海市徐汇区老凤祥为代表的"智造空间"项目，通过"腾笼不换鸟"的模式，实现存量制造业企业在大都市中心城区的"向上突围"，在产业更新、空间载体、工作机制等方面形成了可参考可推广的实施路径，有效促进产业资源的共享和集聚，形成产城人深度融合的城市环境，助力超大城市深入推进新型工业化。

【关键词】　智造空间；产业更新；区域发展；新型工业化

一、背景情况

近年来，随着上海市城市化进程加速，其工业发展面临的土地资源紧张、生产成本高昂等问题日益加剧。为此，上海市陆续出台《上海市推动制造业高质量发展三年行动计划（2023—2025年）》《关于推动"工业上楼"打造"智造空间"的若干措施》等一系列政策措施来促进存量更新，提振都市制造业，探索具有新时代特征的超大城市新型工业化道路。徐汇区作为上海市中心城区，也是上海市老工业重镇，规上工业总产值、规上生产性服务业、企业总营业收入均居中心城区榜首位，拥有中心城区稀缺的成片工业用地资源，存量工业用地及仓储用地300余公顷，兼具完备的工业门类与卓越的科技创新实力。但随着城市化进程加速，徐汇区面临土地资源紧缺、生产成本高、人口密度大等现实问题。传统平面化工业布局难以满足现代产业发展需求，亟须通过"工业上楼"等立体化模式提升土地利用效率，破解空间瓶颈。2024年上海市政府提出构建现代化产业体系，徐汇区需在人工智能、集成电路等先导产业上形成示范效应。为探索大都市中心城区新型工业化路径，徐汇区结合技术创新、知识创新、数字创新等新兴要素，通过"智造空间"打造，引领未来都市制造业新浪潮。

二、主要做法

（一）以智造更新带动产业更新

徐汇区成立主要领导挂帅的"智造空间"区级领导小组和工作专班，"一企一策"制定解决方案。比如，老凤祥"智造空间"项目，原有建筑建设于20世纪70年代，占地面积约1万平方米，建筑面积约2.5万平方米，是上海市中心难得的生产用地。随着经营规模不断扩大，"古早味"浓厚的外形和陈旧的内部结构已难以满足企业正常经营生产需求。为解决企业面临的困境，徐汇区在市区两级政府上下联动、部门横向协同的支持下，支持企业"工业上楼"，改造完成后，总建筑面积约6万平方米，建筑高度达80米，大楼地上容积率有望由原先约1.0提升至4.5，预计达产后工业产值600亿元以上，达产税收10亿元。以"腾笼不换鸟"的模式，实现存量制造业企业在中心城区"向上突围"。

（二）以产业更新带动区域发展

以产业更新促城市焕新，徐汇区在有效促进产业赓续的同时激活区域发展新动能。漕河泾开发区经过40余年的发展建设，区域内建设空间已至"天花板"，为此，徐汇区积极推动"工业上楼"项目，通过工业向上生长、产业融合生产，园区逐步成为产城融合新典范。如，开发区内的北杨人工智能小镇打造以人工智能为核心产业、以大数据为核心技术支撑的人工智能产业集群。

（三）以区域发展促进产业集群发展

随着先进制造业生产环境的变化，早年建造的工业载体难以满足先进制造业企业办公、制造于一体的集中发展需求。徐汇区基于大院大所大校大企大园"五大资源"集聚优势，以打造"智造空间"为抓手，通过建设弹性适用的产业定制化空间，强化科技、人才、资本、资源等要素整合，形成"上下楼就是上下游，产业园就是产业链"的发展模式，加速吸引上下游制造业回归和产业集聚发展。具体而言，徐汇区作为上海市人工智能产业的主要承载区，以"智造空间"建设推动存量产业地块立体复合、模块拼接，推进创新链、产业链、人才链融合发展，有效促进了人工智能赋能先进制造业在研发设计、生产流程管控、运维服务等方面的优化提升，增强了新型工业化发展厚度、后劲。在研发设计方面，支持大模型赋能生成式设计、代码生成、虚拟制造与仿真测试等环节；在生产流程管控方面，推动大模型赋能材料与工艺规划、柔性产线控制、远程设备运维等场景实现，如上海电气风电智能诊断平台实现对近万台机组、98%大部件故障准确预警；在运维服务方面，通过人工智能+工业互联网平台，支持海智在线开发五大实用人工智能工具、打造非标零部件贸易人工智能数字化平台。

三、经验启示

（一）因地制宜建设产业空间载体是都市发展的必然选择

"智造空间"作为产业回归都市趋势下的一种创新空间载体模式，是应对大都市核心区土地资源紧缺的关键举措，通过模块化、可变式的空间设计实现多元复合功能垂直整合，达成资源合理利用和高效配置，提高土地使用效率，促进产业资源的共享和集聚，推动制造业高质量发展。

（二）"雨林式"产业生态是制造业高质量发展的关键

当工业发展从依赖土地等传统要素转向技术创新、知识创新、数字创新等新兴要素时，先进制造业企业对综合成本优势更突出的集研发、办公、制造于一体的载体需求更加明显，而楼上楼下的产业上下游模式又强化了产业、人才、资金、技术等资源要素顺畅流动，在"自生长"的"雨林式"产业生态系统下不断滋养出新企业、新产业。

（三）推进机制是新型工业化的有力保障

徐汇区于2024年组建新型工业化推进办公室（区政府直属部门），该办公室的成立有效促进了跨界融合形态建设、跨部门要素资源配置。徐汇区通过抽调区域产业、科技等职能合署办公成立新型工业化推进办公室，采用产业"链式"更新模式，推动产业要素的空间集聚与协同发展，实现产业集群的壮大与发展，为区域经济的高质量发展注入新的动力。

泉州市：工业园区标准化建设，推动产业高质量发展

【引　言】 2024年10月，习近平总书记在福建省考察时指出，"要在全面深化改革、扩大高水平开放上奋勇争先。聚焦重点领域和关键环节，突出经济体制改革牵引作用，继续大胆试、大胆闯、自主改"。泉州市作为中国东南沿海重要的经济发展引擎，近年来在工业（产业）园区建设方面取得了显著成效。

【摘　要】 近年来，泉州市积极推动工业园区标准化建设，促进产业高质量发展。一方面抓规划与建设，推动国土空间高质量重构，破解"园区怎么建"。抢抓国家盘活利用低效用地试点政策机遇，统筹国土空间规划和产业规划，摸清全市低效用地家底，由国企带头打造14个试点园区，带动民企全面参与，分行业量身定制标准化厂房。另一方面抓招商与运营，推动产业业态高质量重塑，破解"产业怎么引"。坚持边建设、边招商、边运营，围绕50条县域重点产业链，差异化打造龙头园区、专精特新园区、"一园一品"园区，在每个园区重点布局1～2个主导产业，同步导入技术研发、中试孵化、工业设计等生产性服务业，推动上下游企业集聚发展，实现供应链本地为主配套。同时，鼓励企业换"房子"换"家具"、换厂房换设备，带动技改投资连续3年高速增长。

【关键词】 园区标准化；国土空间；产业业态

一、背景情况

泉州市的工业化起步于"村村点火、户户冒烟"的乡村工业，工业用地碎片化现象长期存在，叠加产业深度转型过程中停产和减产企业造成新的闲置与低效用地，工业用地紧约束问题突出。一方面，存量用地效益不高。全市40万亩工业用地，闲置的约2万亩、低效的约6万亩；10亩以下工业地块占65%，很难满足企业连片开发利用需求。另一方面，新增用地没有空间。部分县（市、区）土地开发强度接近50%，已超过30%警戒线，很多本地成长型企业无法增资扩产，一些优质项目无法落地。

2020年起，福建省将泉州市列为全域试点，推动园区标准化建设从地方实践上升为全省战略。2021年以来，泉州市抓住国家盘活利用低效用地试点等政策机遇，建设功能完备、宜居宜业的标准化园区，积极探索新型工业化之路。泉州市紧抓"规划、规范、提升、示范、招商"环节，坚持"规模化、集约化、专业化、品牌化、绿色化、数字化、融合化"原则，把园区打造为推动制造业高质量发展的平台和县域经济发展的引擎。全市园区标准化建设已形成"百千万"的工作格局，即实施100个市级园区项目，建成标准化厂房2326万平方米、新增入园企业2252家，拉动逆周期投资超1000亿元，累计盘活低效用地2.3万亩。

二、主要做法

（一）推动国土空间高质量重构

一是盘活低效用地，让"寸土"生"寸金"。通过测算工业用地、园区用地、新增项目用地需求，摸清全市低效用地家底，明确工业用地底数和厂房改造提升需求，向"闲置用地、低效用地"要空间，累计盘活闲置低效用地2.3万亩，相当于3年争取的工业用地指标；向"容积率、入园率"要空间，容积率由以前的0.8逐步提升到2.5左右，2021—2024年，全市规上企业入园率由28%提升至56%，入园规上企业增加值占比由32%提升至68%，亩均税收由5.5万元提升至20万元；向"规模化、集约化"要空间，通过抓连片开发，盘活边角地、插花地等，形成千亩以上园区43个。

二是同步筑巢引凤，既建园区也造生态。通过国企当先锋、作示范，带动民企全面参与，边招商边建设边运营，确保园区建一个成一个（一期投用75%以上，再启动建设第二期）。坚持制造底色，守牢工业用地占比30%底线（其中，中心市区不低于20%，县域30%以上）；坚持职住平衡，10%空间配套餐饮、宿舍、商超等生活设施，20%空间配套研发设计、中试孵化等生产服务，30%配套吃住行、教育医疗、文体娱乐等；坚持产城联动，推动工业建筑风貌与城市风貌相协调，营造高品质的城市空间。

三是示范引领推进，变"盆景"为"风景"。各县（市、区）采取以增带存（利用增量用地引进龙头企业，带动周边低效存量用地盘活）、龙头带动（支持龙头企业盘活周边低效用地，为产业链上下游企业提供空间）、新旧融合（改造提升旧厂房，周边新建标准厂房，优化全产业链配套服务）、产业新城（高标准控规修编，以生产生活生态一体化配套标准建设园区）等，因地制宜形成8种典型经验在福建省推广。

（二）推动产业业态高质量重塑

一是聚链条，上下楼就是上下游、产业园就是产业链。梳理50条县域重点产业链，每个园区布局1～2个主导产业（入驻相关产业企业占比不低于70%），打造20个龙头园区、20个专精特新园区、20个"一园一品"园区，推动产业链上下游企业集群集聚，实现隔墙生产、配套共享。

二是促技改，换"房子"换"家具"、换厂房换设备。安排6.8亿元财政资金，支持企业"搬家"入园购置新设备，积极推动大规模设备更新和"智改数转"。设备更新改造项目从20个扩展到300个以上，近八成规上工业企业开展数字化转型。

三是强创新，创新要素加快集聚、"生产空间"成"创新空间"。在园区布局实验室、中试基地、企业技术中心、工业设计中心等创新要素，通过两地双园实现研发突破，中试验证实现小批量试生产，成果产业化实现大规模量产，打通创新到应用的"最后一公里"。

三、经验启示

（一）政策创新与执行并重

在政策制定过程中兼顾顶层统筹与基层实践，在抓落实上下功夫，确保政策落地见效。

（二）国企主导与市场活力结合

国企在土地整合、基建投资中发挥"压舱石"作用，同时引入民企运营能力，形成"政府搭台、企业唱戏"的良性机制。

（三）产业升级与城市功能协同

通过"产城人融合"模式，将冷冰冰的产业园升级为有温度的产业社区，既留住人才又提升城市能级。从"建设1.0"转向"运营2.0"，建立投产纳统、业态优化闭环机制，避免"重建设轻运营"问题。

郑州市：大力推进新型工业化，推动经济社会高质量发展

【引　言】2019年9月，习近平总书记在河南省考察时强调，"要推动经济高质量发展，抓住促进中部地区崛起战略机遇，立足省情实际、扬长避短，把制造业高质量发展作为主攻方向，把创新摆在发展全局的突出位置，加强重大基础设施建设，坚持以人为核心推进新型城镇化，善于用改革的办法解决经济社会发展中的突出问题，积极融入共建'一带一路'，加快打造内陆开放高地，加快建设现代化经济体系"。近年来，郑州市大力推进新型工业化，促进工业化、城镇化和农业现代化协调发展，有力推动经济社会高质量发展。

【摘　要】郑州市大力推进新型工业化，着力推动新型工业化与新型城镇化良性互动，加快产业集聚、中心城区老旧工矿企业的改造更新，满足人民对美好城市面貌的需求。以新型工业化带动农业产业转型，开展农产品深加工，延长农产品产业链条。打造"双循环"生产服务中心，加快制造业和服务业深度融合，突出"制造＋物流"，打造"买全球、卖全球"国际物流中心。推动新一代信息技术应用和数字化转型，在就业、交通、餐饮、医疗、教育等领域实现信息化管理服务，极大提升了市民的生活质量，满足了民众的美好生活需求。

【关键词】新型工业化与新型城镇化良性互动；农业现代化；社会民生改善

一、背景情况

近年来，郑州市大力推进新型工业化。2024年，全市规模以上工业增加值同比增长10.5%，规模以上工业37个行业大类中，有23个行业增加值保持增长。规模以上制造业增加值同比增长11.0%，对规上工业增加值增速贡献率92.8%。主导产业快速增长，新产业培育加速推进，规上工业高新技术产业、高技术制造业、战略性新兴产业分别同比增长13.7%、10.4%、10.1%。新型工业化引领和支撑作用不断增强。

二、主要做法

（一）以产业为魂，新型工业化与新型城镇化实现良性互动

一是以工业赋能城镇建设。围绕新型城镇化建设需求，严把产业准入关口，坚决遏制高耗能、高排放、低水平项目盲目上马，大力发展铝精深加工、新型耐材、高端装备、装配式建筑等特色产业。优化升级汽车、食品加工、服装家居等就业容量大的传统产业集群，吸纳人口向城镇转移，2024年，郑州市常住人口城镇化率接近80%。

二是加快推进城市更新。有序疏解郑州市中心城区一般性制造业、专业市场等，拓展高附加值产业发展空间。出台《郑州市城市更新条例》，实施中心城区产业重振计划，大力盘活老旧的厂房、仓储、产业园区等各类低效闲置资源，打造新产业、新业态、新场景，重塑区域产业生态。

三是厚植产城融合载体。把小微企业园规划与国土空间规划、城乡发展规划、产业布局规划有机衔接。实施《郑州市规范小微企业园运营服务的指导意见（试行）》，坚持市场化运营服务，保证入园企业"拎包入驻"。

（二）以创新为先，新型工业化引领赋能农业现代化建设

一是做强智慧农机装备产业。支持农机装备生产企业积极应用5G、物联网等信息技术，研制高效低损收获、高质量播种装备，形成了智能联合收割机、电控智能播种机、农用植保无人机、枢纽智控水肥一体化系统等一批"看家"产品，建成投用郑州市智慧农机平台，"网约农机"出现在田间地头。

二是塑造食品金字招牌。实施食品工业"增品种、提品质、创品牌"专项行动，引导食品企业对标国内外先进质量管理体系，应用全流程智能制造新模式，持续提高产品质量安全水平。形成了涵盖速冻食品、方便食品、枣制品加工、饮料制品等众多门类的现代食品产业集群。涌现出三全、思念、白象、好想你、蜜雪冰城、千味央厨等一批金字招牌。

三是推动"郑州味道"端上"世界餐桌"。鼓励食品龙头企业优化资本结构，加快并购重组，完善国际化布局，深度融入国内国际双循环。郑州市至越南、泰国农产品出口冷链专列成功开行，支持食品龙头企业在"出海"中寻求发展新路，持续拓展与"一带一路"国家合作，建设全球采购网络、生产基地、物流体系。

（三）以融合为媒，新型工业化助力"双循环"生产服务

一是全力构建现代化产业体系，夯实服务业高质量发展根基。大力推进新型工业化，加快传统产业转型升级、新兴产业培育壮大、未来产业前瞻布局，战略性新兴产业、高技术制造业持续保持两位数增长，催生大规模个性化定制、网络协同制造、总集成总承包等制造业新模式、新业态。

二是大力发展数字经济，赋能现代服务业高质量发展。锚定建设全国重要的"数仓、数纽、数港"目标，积极融入"东数西算"国家战略，初步构建起从"基础算力—算力网络与平台—算网输出与服务"的产业链条。入选全国首批中小企业数字化转型试点城市。2024年，郑州市数字经济规模突破7000亿元。

三是突出"制造+物流",打造"买全球、卖全球"国际物流中心。鼓励制造业龙头企业推进内部物流功能社会化,支持生产企业和物流企业合建共享仓储物流设施。郑州市已逐步发展成为重要的内陆开放高地、智能终端研发生产基地、以"买全球、卖全球"著称的跨境电商发展中心与标准制定地、"陆上""空中""网上""海上"4条"丝绸之路"并举的现代枢纽城市。

(四)以人为本,新型工业化支撑保障社会民生改善

一是稳定就业,推动人才链与产业链深度耦合。不断强化发展经济对扩大就业的带动作用,深入开展"万人助万企"活动,解决好企业生产经营中的"急难愁盼"问题。实施"郑聚英才计划",扩大产业骨干人才支持范围,为重点产业链项目企业定向配给申报名额。

二是智能医疗,助推医疗水平迈上新台阶。聚焦生物制药、化学制药、现代中药、医疗器械等重点领域,培育一批龙头骨干企业,打造体外诊断产品生产基地和小容量注射剂生产基地。以康养需求为导向,支持建设中医药健康产业基地。上线智医助理辅助诊疗系统、智能语音外呼助手系统和智能慢病管理系统3项辅助诊疗系统,提升常见病、多发病的诊疗能力。

三是智慧出行,深化交通领域的数字化转型。常态化举办智能网联汽车大赛,支持企业开展智能网联自动驾驶先行先试,建成"主干线—支线—微循环"智能出行系统。深化"互联网交通"思维,围绕"云、网、路、车、基",加快布局完善前端感知设备,全市79处国省道、高速公路流量电子卡口联网率达100%,分批次构建了"一个中心、一个大脑、四个平台、十个应用系统"的智慧交通框架,为郑州市的城市运营提供了智慧化、信息化支撑。

三、经验启示

（一）注重产业发展与城镇化协同

立足本地资源培育产业，把控项目准入，推动城市内涵式发展与人口城镇化。疏解低附加值产业，盘活闲置资源，重塑产业生态。规划专业产业园区，促进企业集聚。

（二）注重工业与农业互促

支持农机智能化，搭建平台助力农业。实施食品工业"增品种、提品质、创品牌"专项行动，打造食品产业集群与品牌，鼓励食品企业国际化，带动产业链升级。

（三）注重工业与服务业融合

大力发展数字经济，积极融入"东数西算"国家战略，建设算力基础设施，赋能现代服务业高质量发展。促进制造业与物流业融合发展，发挥物流"新基建"作用，打造"买全球、卖全球"国际物流中心。

（四）注重工业化保障民生

以产业发展带动就业，实施人才计划与技能培训。聚焦医药领域，研发智能医疗系统提升医疗水平。深化交通数字化转型，构建智慧交通，方便民众智慧出行。

深圳市南山区粤海街道：深入推进产城融合，推动新型工业化与城镇化良性互动

【引　言】 党的二十届三中全会指出，"必须统筹新型工业化、新型城镇化和乡村全面振兴"。粤海街道作为深圳市南山区创新发展的标杆区域，在推进产城融合、实现新型工业化与城镇化良性互动方面探索形成了独具特色的实践路径。

【摘　要】 近年来，粤海街道坚持制造业当家、实体经济为本，聚焦人工智能、生物医药、低空经济等新兴领域，持续加强政策引导，集聚创新资源，强化企业服务，完善公共服务设施，有效推动了新型工业化与新型城镇化的良性互动。

【关键词】 粤海街道；新质生产力；数据要素；应用场景

一、背景情况

粤海街道面积约14平方公里，辖区企业云集，拥有5.4万余家企业，其中，上市公司100余家，规上企业3300余家。在科技发展日新月异的今天，如何推动传统工业化模式转变，是粤海街道面临的一个重大考验和历史机遇。粤海街道重点围绕人工智能、生物医药、低空经济等新兴领域加强政策引导，积极推动产业升级，加快推动形成新质生产力。粤海街道生产总值长期占据深圳市南山区的一半以上。

二、主要做法

（一）推动产业聚集创新

充分发挥龙头企业作用，吸引华为、中兴通讯、大疆、迈瑞医疗等头部企业在辖区设立总部或重要研发中心，形成产业集聚效应。如无人机产业，通过发挥大疆、科比特航空等企业"头雁"作用，汇聚产业链上其他零部件、整机企业150余家，实现了不出南山区就能造出一架无人机。构建"低空智联"建设标准和运行规则，为辖区低空产业链和工业企业提供安全、先进、高效的低空飞行试验平台。构建全过程创新生态链，按照"一园多校、市校共建"模式，建设创新型产学研结合示范基地——深圳虚拟大学园，集聚包括清华大学、北京大学、香港中文大学等70所知名院校和243家研发机构，有效推动产学研深度融合。推动高校与科技领军企业组建联合创新体，取得更多引领性科研成果。突出"科技招商"，依托英特尔大湾区科技创新中心、英伟达初创加速计划等产业服务平台，聚焦人工智能、生物医药等重点领域，引育一批优质科创企业。参与建立无人机、医疗器械等6个产业链党委，覆盖上下游近900家企业。

（二）发挥数字赋能作用

联合南山区产业部门和云服务商，为辖区内300余家工业企业提供数字化转型政策宣讲和免费诊断服务，积极推动企业开展数字化转型，形成了"诊断评估—改造实施—成效评价"的流程化转型模式。推出"粤海街道＆华为云'初创计划'"，组织辖区中小企业走进华为，利用华为技术、管理、营销等经验资源，助推企业走上专精特新之路。加快建设极速宽带先锋街区，强化5G-A引领、算网融合，为工业企业的数字化转型和创新发展提供有力支撑。完善建筑信息模型、城市信息模型，逐步细化、深化、优化片区数字孪生水平，让城市治理更智慧、更聪明、更高效。深入实施后海中心区智慧城市建设运营改革，扎实推进"人工智能＋数据要素×"行动，持续深化人工智能全域全时全场景应用。美团外卖无人机开通多条外卖配送试行航线，将订单送达时间缩短到最快7分钟；顺丰无人机同城急送与物流小哥接力实现了部分楼宇商务文件的快速送达；环卫无人扫地车根据规划好的路线，自行完成清扫、避障、倾倒垃圾、充电等任务。

（三）强化企业服务

依托后海金融商务总部基地、南山科技金融城，强化金融服务实体经济效能。充实企业服务和经济专员队伍，提升粤海街道产业园区发展联合会、高新区社区、大冲社区、麻岭社区物业共治联盟等平台运作效能，打造粤海街道企业服务品牌。依托粤海街道国际化企业服务交流中心等，为企业发展和港澳青年创新创业提供更多服务。促进深圳大学、深圳虚拟大学园、园区企业和社区的有效联动，加快校区、园区、社区"三区融合"。加强科兴科学园、深圳湾科技生态园等园区楼宇的产业空间资源整合和信息整合，做好产业空间信息共享，加快城中村、老旧产业厂房城市更新，助力小米等总部大楼建设。

三、经验启示

（一）坚持党的领导

粤海街道把党群阵地空间资源、党群共建机制资源等用于推动企业发展，线上打造"粤海街道虚拟园区"，线下依托社区（园区）党群服务中心、便民服务大厅、国际化企业服务交流中心等现有服务场所设施，整合各个园区管理处线下服务功能，打造10个虚拟园区线下服务站，"全员全域全时"解决企业实际问题。同时，充分发挥党组织桥梁纽带作用，通过构建党建综合体、党建共建等方式，多措并举服务好产业园区、产学研基地、核心商圈。

（二）注重建立健全工作机制

粤海街道以"万名干部助企行"专项服务小组为班底，街道机关党员干部建立了43个专项服务小组，挂点服务街道727家重点企业。建立辖区"百强结对子、规上专员帮、小微线上联"方式分级分类服务保障体系，搭建织密横向到边、纵向到底的服务网络，确保辖区每家企业都有人服务。在日常工作中注重细化区内各职能局、街道各部门的职责清单颗粒度，确保每个困难诉求都有人处理。

（三）注重抢抓新领域新赛道

粤海街道深入贯彻落实深圳市"20+8"产业集群统一部署，大力发展低空经济、人工智能、生物医药等产业。加速竞跑低空经济新赛道，打造后海低空经济先行示范片区，聚焦无人机巡航巡检、物流配送、集群表演、低空游览等方面，积极拓展低空应用场景。

中国机械工业集团有限公司：加快培育智慧农业新动能，画好服务新型工业化和农业农村现代化同心圆

【引　言】2023年3月，《求是》杂志发表的习近平总书记重要文章《加快建设农业强国 推进农业农村现代化》指出，"建设农业强国，基本要求是实现农业现代化"。中国机械工业集团有限公司（以下简称国机集团）以新型工业化为引领，加快推动农机产业数字化，打造智慧农业解决方案，助力农业现代化发展。

【摘　要】"十四五"时期，国机集团充分发挥在农机装备制造方面的领先优势，主动变革、积极谋划推进农机产业数字化转型，践行"以数字赋能农机、以农机适配农业"战略路径，打造智慧农业解决方案。研发推广智能拖拉机、智能采棉机等国产高端智能农机装备，提升我国高端农机制造水平；自研北斗远程监测系统和承担北斗规模化应用项目，助力农机数字化水平提升；建设运营"农机云""机械装备行业云"行业领域公有云平台，接入农机百万台，形成国家级农业生产大数据平台。打通供应链、协同上下游，统筹农业全生产过程数据，赋能链上企业用"数"上云，汇聚发展合力共同向高端化迈进。

【关键词】行业公有云平台；智慧农业；粮食安全

一、背景情况

国机集团作为集先进装备制造、产业基础研制与服务、工程承包与供应链三大主业于一体的综合性、国际化的装备企业集团，深刻把握数字经济发展机遇，聚焦主责主业，不断增强核心功能，提高核心竞争力。"十四五"时期，国机集团将数字化转型列为战略重点任务，坚持"提高农机装备水平，护航国家粮食安全"一条主线，不断推动优化农业、工业产业链生态。国机集团"农机云"被列入国务院国资委首批行业公有云平台。

二、主要做法

（一）推进高端农机装备国产化

发挥国机集团国家重点实验室、国家工程研究中心等国家级创新平台作用，聚焦农机装备关键核心技术开展攻关，攻克大马力拖拉机无级变速、播种机高速精密播种、插秧机高速插秧等技术。研发丘陵山地轮式拖拉机填补国内空白，已在甘肃省推广使用。高速插秧机、采棉机、青饲机等一批经济作业紧缺设备和复杂地形适用装备陆续问世，引领国产农机向高端化、智能化、绿色化发展，加速农业现代化进程。

（二）推动农机装备向智能化延伸

创新研制无人驾驶电动拖拉机、"5G+氢燃料"电动拖拉机等，依托自主开发智能作业控制系统全面提高农机作业质量，已在黑龙江省七星农场、洛阳市数字孪生生态园等地区进行推广应用。牵头组织28家主要的农机企业，联合国内主要的农业机械生产企业安装北斗终端，以北斗导航在农业生产端规模化应用提升现代农业生产体系韧性。建成智能机械加工厂、智能驾驶舱数字化工厂等农机装备智能工厂，搭配机器人、在线自动装配、在线检测设备、智能立体仓库等新工艺和前沿技术，拥有国内农机行业领先的柴油机智能制造能力和完整的在线检测体系。

（三）催生农机服务新应用场景

2024年4月上线全国农机作业指挥调度平台，以数字纽带升级传统农业机械，在黄淮海地区8个省试点推广。接入安装北斗终端农机超百万台，占据全国安装北斗智能农机近半市场，日均数据超6亿条，作业面积覆盖1亿亩，初步实现"农机位置可查、农机状态可知、农机调度可达"目标，支持政府实现农机跨区调度，提供农机作业供需匹配降低农机闲置率。

（四）夯实农业领域数字基础设施

建设"农机云"，以农机作业为牵引，规划农机调度、农机在线检测维保、农机具作业监测、农资统筹、农业生产在线指导、农业补贴管理、农业公共服务七大场景，夯实"千万台接入、百万台并发"国家级农机大数据底座，发布"神农大模型"，以知识检索、云端问答等为农民提供生产作业指导。打通全国各省市、各类型的农机管理系统基础数据，聚合农业气象数据、遥感数据、土壤分析数据、农作物生长图谱数据、农事作业数据、灾害数据、农作物病虫害数据等多维度数据，形成"资源一张网、数据一中心"，成为服务国家粮食安全的重要数字基础设施。

（五）共筑共融共享数字生态

发挥自身技术、资源和管理优势，协同产业链上下游企业共同推动技术创新，提升现代农业产业链供应链竞争力。以"农机云"打造开放共荣的生态圈，集聚产业链上下游企业优势，持续构建一套多技能、高水平、多应用的智慧农业解决方案。2024年，与超40家单位签署倡议书，将"农机云"打造成贯穿农业生产全过程的综合性、生态型数字服务平台。

三、经验启示

（一）坚持科技创新支撑技术领先

围绕农机主导装备、特色装备、新兴装备，发挥国机集团国家重点实验室、国家工程研究中心等国家级创新平台作用，聚焦关键核心技术、智能化与前瞻性技术开展研究，有力支撑了农机业务的创新发展，实现了行业技术引领。

（二）坚持数字赋能重构竞争优势

充分释放农机数据价值，建设"农机云"，打造规划农机调度、农机在线检测维保、农机具作业监测、农资统筹、农业生产在线指导、农业补贴管理、农业公共服务七大场景，满足主粮产区农机调度需求。紧抓人工智能未来发展关键变量，发布"神农大模型"，完善农业领域专业知识体系，以知识检索、云端问答等为农民提供生产作业指导，赋能农业生产数字化、智能化。

（三）坚持链式思维优化产业生态

通过与产业链上下游企业联合攻关，促进成果转化，提升现代农业产业链供应链韧性和安全水平。建设行业公有云平台，发起共商、共建、共享、共创农业全产业链数字化新生态倡议，为打造农业领域可信数据空间作出典型示范。

八

扩大产业链供应链开放合作

扩大产业链供应链开放合作，不断扩大高水平开放，加强"一带一路"建设，促进高质量"引进来"和高水平"走出去"。

黑河市：跨境产业，打造"一带一路"向北开放战略支点

【引　言】　2023年9月，习近平总书记在黑龙江省考察时强调，"主动对接全国产业链供应链，在优势产业和产业优势领域深耕细作，更好融入全国统一大市场，在联通国内国际双循环中发挥更大作用"。黑河市依托得天独厚的条件和边民互市贸易政策支持，加快推进中俄跨境集群建设，努力将"黑河—布拉戈维申斯克"跨境集群打造成全国对外开放合作的新样板。

【摘　要】　黑河市积极服务国家战略，对标高标准国际经贸规则，深度融入共建"一带一路"中蒙俄经济走廊，通过发展跨境能源资源合作、跨境农林产品加工、跨境装备制造、跨境物流等，建设跨境产业集聚区和边境城市合作示范区，打造沿边口岸物流枢纽和中俄交流合作重要基地。

【关键词】　对外开放；对俄开放合作；跨境产业

一、背景情况

黑河市位于黑龙江省西北部，与俄罗斯远东第三大城市阿穆尔州首府布拉戈维申斯克市（以下简称布市）隔江相望，是我国"一带一路"向北开放的重要窗口。2019年8月，中国（黑龙江）自由贸易试验区黑河片区（以下简称黑河片区）正式获批成立。黑河片区以对俄开放合作为核心，围绕"6+N"跨境产业重点①，积极探索中俄经贸合作新路径、培育龙江开放型经济高质量发展新引擎，打造沿边口岸物流枢纽和中俄交流合作重要基地。

二、主要做法

黑河市依托中俄两国市场、资源和政策等优势，深入实施自由贸易试验区提升战略，初步构建起以跨境能源资源合作、跨境木材加工、跨境农产品加工、跨境装备制造等业态为主的跨境产业体系，培育了合盛硅业、丰泰贸易、利源达专用车等区域性龙头企业，形成了进口俄电落地加工等新的地方经济增长点。

（一）完善园区承载功能

黑河片区下辖4个产业承载园区，分别为二公河进出口加工园区、五秀山俄电专属加工园区、黑龙江大桥产业园区、大黑河岛商贸文旅区。4个产业承载园区已建设成为黑河片区承接项目落地、承载产业发展的主阵地。

---

① "6+N"跨境产业重点：跨境能源资源综合加工利用、绿色食品、商贸物流、旅游、康养、沿边金融等六大特色产业和若干新兴产业。

（二）健全水陆空通道体系

黑河市积极推动交通基础设施建设，建成年运载量160万吨水运口岸、620万吨公路口岸、200万吨冬季固冰通道、年输送量380亿立方米天然气管道、80亿千瓦时跨江输变电线路，正在建设跨境空中索道运输通道。

（三）利用自贸区制度优势

黑河片区已建成黑龙江省内功能最完善的互贸交易点，保税物流中心（B型）、跨境电商监管中心实现1210[①]和9610[②]等多种模式通关，有力促进互市贸易规模化、便利化、秩序化高质量发展。

（四）持续优化营商环境

黑河片区推出"'一站式'涉外服务专区""跨省通办""跨境审批"等十大营商环境品牌。推出流程优化创新举措31项，数量位列黑龙江省3个片区之首。推出十一大行业的"一业一证"改革。发放黑龙江省首张"异地通办通取"营业执照，实现外资企业异地执照办结。承接的345项行政许可审批时限整体压缩50%以上。推出施工图审查政府购买服务。设立"驻俄驿站"，实现83项政务服务事项"跨境通办"。

（五）强劲人才招引力度

制定出台《中国（黑龙江）自由贸易试验区黑河片区投资促进优惠政策（试行）》，加大对符合条件的平台载体和人才的奖励力度。建设"黑河学院—红鲨科技"市级产学研合作基地。依托黑河片区省级孵化机构中小企业创业中心加快培育各类企业主体，截至2024年底，孵化器共入驻企业

---

① 1210：保税跨境贸易电子商务。

② 9610：跨境贸易电子商务。

66家，集聚各类人才274人。

三、经验启示

（一）紧跟国家战略，构建多区联动发展格局

对接国家"一带一路"和"十四五"规划，谋划发展战略和空间布局，建立完善各类规划体系。获批陆上边境口岸型国家物流枢纽、跨境经济合作试验区等。构建精简高效的管理体制，形成边境经济合作区、自贸区、跨合区、跨境电商综试区、互贸区、陆上边境口岸型国家物流枢纽"多区联动"发展格局。

（二）创建城市名片，共同打造跨境合作品牌

作为中俄合作的重要桥头堡，黑河市和布市是东北亚地区的国际城市群。黑河市与布市共同开展招商推介和宣传活动，打造"中俄双子城"品牌，助力双方发展。共同举办阿穆尔博览会和大黑河岛国际经贸洽谈会，联合宣传推介黑河市与布市。

（三）集聚跨境要素，统筹编制中俄两岸发展规划

向布市提交《黑河—布拉戈维申斯克市（黑龙江）大桥桥头区整体规划》，提出双方在各自桥头区划定区域，联合开发。向阿穆尔州招商署提交《中俄跨境物流综合体规划》，提出建设与黑河片区中俄跨境物流枢纽项目相对应的阿穆尔物流枢纽区。

玉林市：开放引领、内外联动，构建高水平对内对外开放新格局

【引　言】 2023年12月，习近平总书记在广西考察时强调，"广西要持续扩大对内对外开放。要增强内外联动，构建更有活力的开放型经济体系。"近年来，玉林市坚持开放引领、内外联动，积极构建高水平对内对外开放新格局，促进经济高质量发展。

【摘　要】 玉林市通过搭建外贸平台、优化营商环境、出台政策扶持、优化提升服务等系列举措，持续推进对内对外高水平开放，开创高质量发展新局面。

【关键词】 开放；合作；通道；融入；创新

一、背景情况

玉林市现有在外经商务工人员160多万人，海外侨胞220多万人，数量均为广西最多。近年来，玉林市进一步解放思想、创新求变，向海图强、开放发展，创建玉林—广州、玉林—深圳"创新飞地"，建立玉林、湛江、茂名区域合作工业系统发展联席会议制度，搭建信息共享平台和企业服务平台，共同推动区域工业协同发展，推进中国—东盟产业合作区玉林片区建设，培育壮大装备制造、新材料、香料医药健康、绿色食品、纺织服装等五大主导产业，奋力走出高水平对内对外开放新路子。一方面，大力推动玉品出海。另一方面，全力支持玉商玉工回归，创新实施"五新五化"举措[①]，建立重点产业链链长链主制度，实行"一条重点产业链、一名市领导、一个牵头单位、若干协同单位、若干链主企业"机制，开展"一把手"领衔招商、部门联动招商、三大经济圈驻点招商，截至2024年底，引进玉商回归项目539个，总投资1125.49亿元，带动玉工回归5.9万人。抢抓深化粤桂东西部协作机遇，主动融入粤港澳大湾区，建立信息共享平台和企业服务平台，共同推动区域工业协同发展，强化3市要素资源的创新性配置。高标准对接平陆运河经济带，与贵港合作共建玉贵产业合作区，打造平陆运河经济带核心城市。支持玉柴集团与西江流域、北部湾港船舶修造、海工装备企业建立良好业务往来，每年在贵港片区销售船用发动机和发动机组达200台（套）。

---

① "五新五化"："五新"指构建顶格推进新机制、建立各种回归引导新场景、打造产业回归新载体、创新要素保障新模式、构建社会治理新格局；"五化"指系统化、精准化、集群化、高效化、多元化推进玉商玉工回归。

二、主要做法

（一）培育"开放平台+海外工厂"玉品出海模式

建好用好开放平台载体，设立驻柬埔寨、缅甸等6个商贸联络中心和一批海外仓，2024年，全市外贸进出口171.9亿元，同比增长149%。先后举办玉博会、药博会、香博会，设立广西香料中药材国际交易中心、海外公共仓。支持玉柴集团采用"玉林总部+东盟制造+东盟市场"合作模式，在泰国建立工厂，玉柴集团越南发动机工厂启动建设，进一步巩固扩大东盟市场，辐射带动海外市场。探索"海外仓+电商平台"模式，支持容县创新高木业、亿飞声光电设备等企业在越南、缅甸建立海外仓，带动机械制造、健康食品、林产工业、电子信息等优势产业快速开拓东盟市场；培育广西三环集团等21家玉品出海领航企业，其中广西三环集团日用陶瓷75%以上出口海外市场。

（二）推行"玉事好办"品牌，助力打造"投资沃土"

深入开展优化营商环境3年行动，深化"高效办成一件事"改革，打造"玉事好办"品牌。在广西营商环境企业满意度综合评价中，玉林市连续5年被评为"浙商最佳投资城市"。统筹推进系列营商环境标志性改革，推行"区域评估+标准地+代办制+承诺制+先建后验"和工业项目"标准地"改革，创新实施"先建后验"项目审批服务模式，全方位保障工业项目早开工、早建成、早见效。构建"一刻钟政务服务圈"，推行政务服务无休日改革，为工业企业提供工作日"延时办"、非工作日"预约办"，加速项目落地见效转化为投资实物量。

（三）串珠成链、聚链成群，打造"3+5"临港产业集群

树立向海图强、向海而兴的发展理念，推进中国—东盟产业合作区玉

林片区建设，装备制造、新材料、香料医药健康、绿色食品、纺织服装等五大主导产业聚链成群，新能源材料、不锈钢材料、铜基新材料三大千亿临港产业加快崛起，临港产业从基地化向集团化、集群化发展，从单一产品向产业链布局。华友锂电项目全部落地，柳钢中金冷轧首批产品正式交付，华创新材建成广西首条微米级铜箔生产线，填补广西铜箔产业空白。

（四）构建借地建港+特殊监管的玉品出海新通道

围绕"一区两地一园一通道"①建设，坚持海陆空三管齐下、一体推进，缩短与粤港澳大湾区的时空距离，全面提升出海出省通达能力。"借地"建港，玉林海港码头和海关监管场所建成运营，实现玉林市的货物直接从玉林海港码头进出口。综合交通网络形成，为玉林市有序承接粤港澳大湾区产业转移、深化与东盟国家合作，加快构建跨境跨区域产业链供应链奠定了基础。

三、经验启示

（一）建立"五新五化"机制，拥抱玉商玉工回归

从顶层设计入手，创新实施"五新五化"举措，建立重点产业链链长链主制度，开展"一把手"领衔招商、部门联动招商、三大经济圈驻点招商，成立回归玉商玉工服务中心，推行"服务站+服务专员"新模式。

---

① "一区两地一园一通道"："一区"即铸牢中华民族共同体意识示范区；"两地"即国内国际双循环市场经营便利地、粤港澳大湾区重要战略腹地；"一园"即沿边临港产业园区；"一通道"即西部陆海新通道。

（二）坚持扩大对内对外开放，助力玉品出海升级

始终坚持把向海图强作为扩大对内对外开放的总牵引，主动融入国家战略。坚持从全局谋划一域、以一域服务全局，主动服务融入国家、自治区战略，着力建海港、强园区、兴产业、聚集群，实现玉品出海由传统产品出海向科技出海、产业出海、协同出海升级转变。

（三）探索构建跨区域协同机制，加强资源要素整合

抢抓深化粤桂东西部协作机遇，主动融入粤港澳大湾区，创建玉林—广州、玉林—深圳"创新飞地"。构建区域合作发展新机制，建立玉林、湛江、茂名区域合作工业系统发展联席会议制度，强化3市要素资源的创新性配置。

中国信息通信科技集团有限公司：积极响应 "一带一路"倡议，实现高水平走出去

【引　言】 2024年12月，习近平总书记在第四次"一带一路"建设工作座谈会上强调，"在当前严峻复杂的国际环境下，推动共建'一带一路'高质量发展机遇和挑战并存，但总体上机遇大于挑战。我们要坚定战略自信，保持战略定力，勇于担当作为，开创共建'一带一路'更加光明的未来"。中国信息通信科技集团有限公司（以下简称中国信科）聚焦提升国际化经营能力，不断增强核心功能、提升核心竞争力，为我国建设"一带一路"、构建人类命运共同体的战略落地提供有力支撑。

【摘　要】 中国信科积极响应"一带一路"倡议，主动融入全球产业链、供应链体系，通过制定顶层战略规划、强化全球布局、打造标杆项目、建设人才队伍和精益化管理等手段持续推进国际业务。经过多年深耕，已在全球50多个国家和地区构建了销售与服务体系，产品与服务覆盖100多个国家和地区，形成覆盖东南亚、拉美、欧洲、中东、非洲的全球化布局。

【关键词】 "一带一路"；国际化市场拓展战略；全球供应链体系

一、背景情况

中国信科致力于成为具有全球竞争力的世界一流信息通信企业。中国信科国际化主要分为3个阶段：2000—2004年，"蒙着眼睛摸索"，通过代理商认识海外市场，业务主要在东南亚；2005—2012年，"摘下眼罩"，成立武汉烽火国际技术有限责任公司（以下简称烽火国际），在海外设立子公司和网店，实现与客户的面对面沟通；2013年起，积极响应"一带一路"倡议，持续投入海外业务，与客户的关系更加紧密。未来将在稳住东南亚及拉美市场的基础上，深耕非洲、欧洲、中东等市场，优化产业布局，打造具有国际影响力的信息通信品牌。

二、主要做法

（一）顶层战略牵引，大力实施国际化市场拓展战略

自"十一五"时期起确立国际化战略，采用FiberHome和Accelink"双品牌"运作。FiberHome主要专注于光通信设备和光纤光缆，服务全球电信运营商；Accelink主要提供光器件与光模块，面向全球设备制造商和高科技企业。2005年，FiberHome凭借综合业务接入网业务进入印尼电信市场，随后拓展至印度、西班牙和马来西亚等国家。2005年成立烽火国际作为中国信科海外市场的先锋，提升了FiberHome品牌的国际影响力。2022年，中国信科突破墨西哥美洲电信等关键客户，国际化收入超百亿元。Accelink品牌在全球布局光通信上游产业关键环节，在美洲、欧洲、亚洲建立了研发中心和产业基地。为进一步强化全球经营能力，"十四五"时期，中国信科构建数字化营销、供应链管理、融资和财务三大国际化能力平台，促进产业、市场、品牌、人才的国际化拓展。

（二）锁定价值客户，持续扩大全球供应链体系布局

精心选择目标客户，聚焦全球营收排名前120位的国际运营商及其子网的运营商客户，尤其是共建"一带一路"国家的电信运营商，提前布局目标国家。通过强化产品竞争力和国际化运营交付服务能力，目标国家客户覆盖率已达60%。为深化产业链合作，中国信科持续优化供应链体系。2016年，FiberHome在厄瓜多尔投资建设光缆厂。2022年，Accelink在马来西亚成立泛太科技，专注高端光电模块与组件制造，打造国际供应链"桥头堡"。2023—2024年，中国信科在东南亚和欧洲持续建设光纤光缆制造基地，强化全球供应链布局，泰国工厂和匈牙利工厂已正式投入生产运营，具备年产数百万芯公里光缆生产能力。

（三）打造标杆项目，以行动力提升国际品牌影响力

积极推进国际化品牌战略，制定全球和区域品牌策略。聚焦巴塞罗那展、巴西国际通信展、欧洲通信展、北美光电子展等全球行业重大展会，提升品牌热度与国际客户传播效果。加强区域商标管理和法律政策研究，完善国际化品牌制度，筑牢国际化合规根基。打造国际化标杆项目，2010年，中国信科中标马来西亚国家高速宽带项目，该项目的实施极大提高了中国信科高端产品在东南亚市场的影响力，产生了较强的示范效应。2013年，中国信科在菲律宾成立子公司，从小区光纤项目起步，合作领域不断扩大，逐步覆盖菲律宾全国。截至2024年底，在菲律宾的子公司已与当地三大电信运营商建立长期伙伴关系，承建菲律宾60%骨干网，完成近半光纤到户项目，营收超30亿元。探索创新性、差异化品牌合作模式，深化分销商合作，利用分销商的品牌和渠道优势，在产品和包装上均体现FiberHome与分销商品牌双商标；在运营商市场和社会化销售上体现各自独立品牌。

（四）重视人才建设，以体制机制和价值观激励奋斗者

在市场化指标考量基础上，高度重视人力资本的积累以及机制与文化的塑造，为中国信科战略的有效执行奠定坚实基础。完善人才激励机制，坚守"肯干实干，激励奋斗者"的核心价值观，建立以价值创造为导向的分配机制，吸引中国信科内外部的优秀人才走向海外，持续为人才队伍赋能。强化国际化人才队伍建设，通过灵活设置编制，完善分配机制，突破薪酬约束。构建灵活高效的小前端、强有力的中台支撑以及片区联席会议制度，形成一线"铁三角"作战模式。强化文化体系宣贯，确保员工对公司愿景、使命和价值观的认同。

三、经验启示

（一）国际化推进可以显著提升治理能力

国际电信运营商普遍具备较高的项目管理水平和技术水平，对合同履约、项目管理、需求响应及专家资源调配等细节尤为关注。加快国际化进程可以倒逼中国信科在市场、运营、交付及财务管理等多个维度上强化自身能力，持续优化产品、市场、运营、交付、服务等流程体系，向国际先进理念对标看齐。

（二）国际业务必须强化风险识别与管控能力

面对复杂多变的国际形势，需要健全风险管理体系，完善海外风险报告和预警机制，提高员工对风险的认识和应对水平，同时加强与社会各界的沟通和合作，多措并举提升自身风险防范能力。同时做好关键资源储备，开展全球化资源要素布局，防范产业断供等重大风险。

（三）国际化业务开展离不开数字化、精益化管理

2011年前，中国信科国际业务面临严峻挑战，回款/销售额低于60%，库存资金占用居高不下，不仅影响资金流转效率，也制约了国际业务的进一步拓展。自采用数字化手段实施精益管理以来，库存风险逐年降低，国际化绩效显著提升。

中车青岛四方机车车辆股份有限公司：雅万高铁动车组，擦亮中国高铁"金名片"

【引　言】 2023年10月，国家主席习近平在人民大会堂同来华出席第三届"一带一路"国际合作高峰论坛并进行国事访问的印尼总统举行会谈时强调，"雅万高铁是中印尼共建'一带一路'合作的'金字招牌'，中方愿同印尼总结成功经验，做好后续高质量运营，培育雅万高铁经济带"。中车青岛四方机车车辆股份有限公司（以下简称中车青岛四方）研制的雅万高铁动车组，全线采用中国技术、中国标准，是中国高铁向世界展示的"金名片"。

【摘　要】 雅万高铁动车组由国铁集团所属的中铁总国际公司牵头，由中国中车旗下核心企业中车青岛四方研制。雅万高铁动车组是中国高铁出海"第一单"、中国高端装备"走出去"的代表作，是"一带一路"倡议和中印尼两国务实合作的标准性项目。项目依托复兴号高速列车技术平台，充分考虑印尼当地地理、线路等因素，全面融合印尼文化特色，打造了中国高速列车出口产品技术平台，对于促进企业面向新质生产力锻造竞争力、持续擦亮中国高铁"金名片"、助力高质量共建"一带一路"具有重大深远的意义。

【关键词】 高速列车；"一带一路"

一、背景情况

2015年3月，中华人民共和国国家发展和改革委员会与印尼国有企业部签署了《关于开展雅加达—万隆高速铁路项目合作建设的谅解备忘录》。2017年4月，印尼中国高速铁路有限公司（以下简称KCIC）和高铁承包商联合体（以下简称HSRCC）签署雅万高铁总承包合同，其中包含11列运营动车组和1列高速综合检测列车。2022年8月，首批雅万高铁动车组在中车青岛四方成功下线，标志着雅万高铁项目取得重大突破。2023年10月17日，中印尼两国元首共同为雅万高铁正式开通运营揭幕。

二、主要做法

（一）整合优势资源推动项目高质量实施

在项目投资和运营管理方面，中印尼两国合作开展。国铁集团所属中铁总国际公司牵头的中国企业联合体和印尼国有企业联合体，作为直接股东成立KCIC，作为业主方负责雅万高铁项目的采购、运营和TOD①开发工作。在项目建设方面，雅万高铁项目采用设计、供应、施工一体化总承包模式，中方6家企业以及印尼维卡工程公司，组建HSRCC，负责雅万高铁项目的设计、供应、施工等移交运营前的全部工作。在项目运维方面，雅万高铁正式开通运营后，中国中车紧跟国铁集团步伐，组建维保项目团队，高标准、高质量全力做好列车开通运行和运维售后保障工作，保障了雅万高铁的高质量运营。

---

① TOD：以公共交通为导向的发展模式。

（二）依靠科技创新研发定制化的高速列车

2022年，印尼交通部出台针对高速铁路的条例，在国铁集团、KCIC、HSRCC的有力组织下，通过文件评估、静态动态测试、耐久性测试等整套工作，雅万高铁动车组顺利通过了印尼交通部的认证。中国中车研发团队通过广泛调研和设计联络，了解印尼轨道交通相关的法律法规，进行适用性评判和符合性分析，并在产品设计中落实。例如，当地法规要求列车车内湿度在60%以下、同时温度范围为22～26℃，为适应该项目要求，在列车上有针对性地增加了6级精细化恒温除湿的车内环境控制功能，以满足当地法规要求。对当地常年湿热的环境，研发团队开展了长达两年的现场户外试验，测试了上百种材料和涂层样件，制定了一揽子列车防腐优化方案，以保障列车全寿命周期内结构安全可靠。通过实地调研，收集凝练了大量富有印尼本土特色的文化元素，并应用到雅万高铁动车组上，充分体现印尼文化元素，形成独具特色的列车内饰和外观。

（三）依托先进资源打造精品工程

在生产制造方面实施"项目+职能"的矩阵式管理，以信息化为支撑，搭建精益研发、精益生产和精益服务管理的先进制造框架，形成全周期、全过程协同的质量管理架构，确保项目高效推进。在项目执行过程中加强技术创新、品质提升、品牌建设等方面的工作，依托产品研发、制造、运维、供应链全流程的信息化平台和数字化技术的应用，贯彻节能降耗、高效利用、可持续的绿色环保理念，以高端化、智能化、绿色化的先进制造体系，将雅万高铁动车组打造成为中国出口高端装备的"精品工程"。

（四）全链协同提升产品综合竞争力

中国中车通过优化核心企业和配套产品子公司的资源配置，整合行业内外资源，实现资源共享和优势互补，支撑动车组主机企业的业务发展，提高了雅万高铁动车组的研制质量和效率。注重产业链协同发展，从原材料供应、零部件制造到整车组装、售后服务等环节，实现协同发展和共赢，加强上下游企业的合作，形成产业链闭环，助力提升雅万高铁动车组产品的综合竞争能力。

三、经验启示

（一）政策支持、全要素输出

雅万高铁项目得到了中国和印尼两国政府的高度重视和全力支持，两国政府通过签署相关合作协议，为项目顺利推进提供了坚实的政策保障。雅万高铁项目实现了技术、标准、管理和人才的全方位全要素输出。一方面有利于保障雅万高铁项目的成功实施和可持续发展，向世界全面展示中国高铁技术的先进性和可靠性。另一方面，统一的技术标准，有效控制了动车组与线路、供电、信号等基础设施之间的接口风险，保障动车组的精益研发制造、高质量运营和后续技术升级。

（二）平台先进，高质量保障

依托复兴号高速列车技术平台研制的雅万高铁动车组，投入运营后为印尼民众提供了安全、绿色、高效、舒适的出行方式，运行安全、平稳、有序。先进成熟的技术平台，确保了雅万高铁动车组的高速度、高安全性和高舒适性，为中国新型工业化产品代表走向海外提供了坚实的基础。

（三）体系完整，适应性创新

政府推动、市场拉动、企业主体、产学研用相结合的协同创新模式，奠定了高速列车持续快速发展的技术与产品开发基础，确保了动车组在自然环境、线路条件、人文特征等方面适应性优化和创新的成功，实现了产品定制化需求的快速响应，体现了中国高速列车连接世界的技术硬实力。

九

提升产业治理现代化水平

更好地发挥战略、规划、政策、标准引导作用，推进产业治理体系和治理能力现代化，为发展新质生产力、推进新型工业化提供有力保障。

杭州市：塑造优势，以优化营商环境"软实力"夯实新型工业化"硬支撑"

【引　言】 2024年7月，习近平总书记在中共中央政治局会议上强调，"进一步营造市场化、法治化、国际化一流营商环境，稳步扩大制度型开放"。杭州市锚定打造营商环境最优市的目标，深化集成式改革、强化制度性供给、细化增值化服务，为推进新型工业化提供坚实支撑。

【摘　要】 近年来，杭州市抓住国家营商环境创新试点改革机遇，着力营造有利于推进新型工业化的良好市场环境，建机制、优服务、强创新，涌现出一批辨识度高、实战实效、市场有感的改革成果与经验模式。杭州市连续14年入选"外籍人才眼中最具吸引力的中国城市"；连续18年当选"最具幸福感城市"；"中国民营企业500强"数量连续22年排名全国第一。

【关键词】 新型工业化；营商环境

一、背景情况

一流的营商环境是一座城市最核心的竞争力。从"最多跑一次"到"一次也不用跑",从"一窗通办"到"一网通办",从入选全国首批营商环境创新试点城市到出台杭州市试点实施方案,每年推进一轮改革,迭代实施7轮800多项举措,杭州市优化营商环境的脚步一直未有停顿。2023年,《杭州市优化营商环境条例》公布实施,标志着杭州市营商环境法治建设驶入"快车道"。

在"八八战略"①的指引下,进入新发展时代的杭州市,把优化营商环境作为推动高质量发展的关键一招,积极探索新型工业化"杭州方案",推动制造业向高端化、智能化、绿色化方向发展。

二、主要做法

(一)以集成式改革深化试点建设,打造更优市场环境助推新型工业化

一是深化营商环境创新试点城市建设。实施杭州市商事制度改革"新十条"②,创新便利化审批模式,实现外商投资企业登记管辖权市域全覆盖。推行企业跨区域迁移"一件事",2024年,全市企业跨区迁移4.8万家。打造"信用杭州",实施企业信用修复"一件事"改革,推进城市个人信用

---

① "八八战略":2003年,浙江省委提出"发挥八个方面的优势""推进八个方面的举措"的决策部署。

② 杭州市商事制度改革"新十条":2024年4月,杭州市市场监督管理局印发《关于持续深化商事制度改革服务高质量发展的若干意见》,提出推行港资企业全程电子化登记、构建外资企业市域全覆盖登记体系、加强电子证照多维协同应用场景、探索备案事项智慧审查和信用承诺办理、推进食品药品领域"一证多址"、推行全生命周期合规指导、拓展触发式监管范围和领域、推进联合惩戒信用监管闭环、开展企业信用提升建设行动、拓展一体集成增值服务等10条措施。

分"钱江分"建设。完善拖欠账款和欠薪预防清理机制，常态化做好防范和化解拖欠中小企业账款工作。

二是突出数据知识产权制度改革试点建设。建设国家知识产权保护示范区，挂牌运行杭州市数字经济产业知识产权保护中心，编制《数字经济知识产权保护指引》，上线企业海外知识产权纠纷监测系统。2022—2024年知识产权质押融资突破1000亿元，有效发明专利拥有量超过18万件。

三是推进中小企业数字化转型试点城市建设。建成中小企业数字化转型公共服务平台，深化"人工智能+""特派员+""底座+"，形成具有杭州市特色的数字化转型样板。

（二）以制度性供给激活要素活力，打造更优法治环境助推新型工业化

一是强化立法保障。坚持立法赋能，为产业发展夯实法治保障，出台实施《杭州市数字贸易促进条例》《杭州市智能网联车辆测试与应用促进条例》《杭州钱塘新区条例》《杭州市数据流通交易促进条例》《杭州市知识产权保护和促进条例》等地方性法规。加快创新活力之城促进条例等立法进程。

二是完善数据要素市场制度。高标准建设"中国数谷"，成立数据要素流通合规中心，创新推出数据要素"改革沙盒"，46家企业"入盒"。与24家国内数据交易所实现跨城数据授权互认互通，截至2024年底，杭州数据交易所挂牌数据商品超1300个，累计交易金额突破30亿元。发布跨境数据流动配套管理办法，推进数据要素安全高效流动。

三是加强产业合规体系建设。制定全市重点产业预防性合规体系建设实施方案，围绕智能物联、生物医药、高端装备、新材料、绿色能源等五大产业生态圈以及企业涉外经营等领域，编制杭州市特色重点产业合规指引，2024年共编制产业合规指引30余件。

四是强化政策评估审查机制。增强政策取向一致性评估，强化政策从决策到落地各环节与宏观政策一致性，充分发挥政策综合效能。深化公共政策健康影响评价试点建设，将健康影响评价和干预纳入制定公共政策的全过程。完善重大政策公平竞争审查制度，2024年累计审查新增文件5324件。

（三）以增值化服务提升产业治理，打造更优政商环境助推新型工业化

一是降低企业综合成本。围绕用能、融资、创新等领域，制定出台"春晖计划"32条，2024年累计帮助经营主体减负超450亿元。加快政务服务数智化建设，"亲清在线·政策超市"增设"两新"政策专区，平台累计上线政策超8200条，兑付金额超1000亿元。

二是强化产业人才服务。实施"产业＋平台＋人才"培育模式，建设国家卓越工程师实践基地（数字技术领域）、3个省级特色产业工程师协同创新中心和3个省级卓越工程师实践基地，打造卓越工程师培育培训平台。深入实施"春雨计划"[①]"青荷计划"[②]，强化就业创业支持，完善城市合伙人制度。

三是优化基础政务服务。优化升级企业综合服务网络，拓展"嵌入式"政务服务驿站模式，截至2024年底，建成企业综合服务站点114个，累计为企业提供增值服务35万余次。上线"企呼我应"平台，累计受理涉企问题超105万件，办理满意率超97%。

[①] "春雨计划"：杭州市为新市民和青年群体量身定制的一系列支持政策，包括就业创业支持、住房保障、幼儿托育等方面。

[②] "青荷计划"：杭州市为吸引全球青年人才推出的一系列措施，包括青荷游学、青荷云聘、青荷创赛、青荷乐业、青荷工程、青荷安居、青荷礼包、青荷对对等8个方面。

三、经验启示

（一）要从制度的"供给者"转换为新型工业化的"服务者"

高效、透明、公平的市场环境一方面可以激发经营主体的内生动力和创新活力，催生新产业、新模式、新动能；另一方面有利于吸引资金、技术、人才等要素的快速流入与集聚，为新型工业化注入强大动力。政府部门作为营商环境的制度供给者，应坚持把优化营商环境作为改革深化、发展提速、社会稳定的突破口和切入点，积极开展原创性、差异化探索，为推进新型工业化创造良好的市场环境。

（二）要将高质量发展"硬道理"贯穿新型工业化"全过程"

推进新型工业化是一项系统工程，离不开改革创新的牵引作用，既要勇于破除制约发展的旧体制、旧观念，打破束缚创新的桎梏，又要积极构建有利于创新创造的新机制、新环境，为新型工业化铺设坚实的制度基础。杭州市深化体制机制改革，降低企业运营成本，激发市场活力和社会创造力。同时，加快建立适应创新发展的制度体系，推动形成以创新为主导的产业发展模式，为创新创造提供强有力的制度保障。

（三）要把人民至上"金标准"作为新型工业化"立足点"

人民群众是推进新型工业化的主体力量，也是实现新型工业化的价值依归。杭州市始终坚持人民至上，紧扣推进新型工业化目标任务，强化"乙方思维""店小二思维"，在制度交易成本、要素匹配效率、精准政策体系、有效法治保障等方面不断寻求突破，使改革举措更加符合实际、更加符合人民愿望。

武汉东湖高新区：以青年人才引进支撑世界光谷建设

【引　言】 2021年9月，习近平总书记在中央人才工作会议上强调，要造就规模宏大的青年科技人才队伍，把培育国家战略人才力量的政策重心放在青年科技人才上，支持青年人才挑大梁、当主角。武汉东湖高新区围绕全方位培养、引进、用好青年人才，建立健全新时代青年人才发展评价体系，为强化青年人才力量支撑世界光谷建设做出积极探索。

【摘　要】 2021年，武汉东湖高新区创新评价、支持、服务方式，大力引进在科技创新和产业发展中扮演中坚力量的青年骨干人才。以优秀青年人才为试点，探索开展人才"注册制""积分制"评价改革，建立了以创新价值、能力、贡献为导向的评价体系和青年人才成长机制，支持青年人才在企业科技创新中挑大梁、当主角。持续完善青年人才服务体系，提升人才获得感、体验感，加快青年人才融入光谷、扎根光谷。

【关键词】 青年人才；人才"注册制"；人才"积分制"

一、背景情况

武汉东湖高新区聚焦"世界光谷"建设，强化人才引领，构建具有全球竞争力的人才制度体系和创新生态，2021年，出台《关于推动人才创新创造支撑东湖科学城建设的若干措施》，优化升级"3551光谷人才计划"[①]，在高层次人才政策基础上，新设优秀青年人才类别，并建立符合青年人才发展特点的人才评价支持体系。

二、主要做法

（一）转变"四唯"倾向，创新青年人才评价体系

武汉东湖高新区在广泛征求企业、人才、行业专家、智库机构意见的基础上，2021年，会同中国科学院武汉文献情报中心以破除唯论文、唯职称、唯学历、唯奖项"四唯"现象和综合量化评价为导向，制定人才"注册制"和"积分制"评价措施。其中人才"注册制"指不设人才引入门槛条件，不设地域、时间限制，支持人才对照属意的人才类别进行预注册，结合多元化评价方式进行动态认定；人才"积分制"指在人才"注册制"基础上，分类建立人才综合量化测评模型，按照知识、经验、能力、贡献、诚信等指标维度和分值权重自动计算形成积分，作为匹配政策、评价人才的主要依据。人才"注册制"和"积分制"有效解决了申报资料复

---

① "3551光谷人才计划"：武汉东湖高新区2009年启动的引才计划，原指未来3年内，武汉东湖高新区以高新技术产业化为主题，以海外人才为重点，以企业为载体，在光电子信息等五大重点产业领域，引进和培养50名左右掌握国际领先技术、引领产业发展的领军人才，1000名左右在新兴产业领域内从事科技创新、成果转化、科技创业的高层次人才。2012年后，已成为武汉东湖高新区的常态化引才计划。

杂、评价周期长、专家主观性强等问题。

（二）建立青年人才成长机制，支持青年人才挑大梁、当主角

为大力推动青年人才在企业科技创新领域挑大梁、当主角，武汉东湖高新区在人才政策设计中特别考虑青年人才成长属性和事业发展需求，允许"3551"优秀青年人才进一步申报"3551"高层次人才项目，为人才在科技创新之路上的持续探索与突破提供强劲动力与坚实保障，促进行业科技水平提升与光谷创新发展活力迸发。截至2024年底，30名"3551"优秀青年人才实现从优秀青年人才到高层次人才的升级。

（三）完善青年人才服务体系，促进人才扎根光谷

提升市场化人才服务水平，整合全区资源成立一级平台公司——光谷人才集团，为人才提供就业、安居、政策申报、职称评审、技能培训、人力资源等多项服务。推出"光谷数字人才卡"，引入市场化资源，为人才提供医疗、金融、休闲等服务，已有1800余名人才申领人才卡。优化实施人才安居工程，在企业集聚、交通便利、配套设施齐全的地段筹集人才安居房源，提供最高3年免租的租房优惠。开发人才安居线上申请平台，为人才提供线上政策申请、资格审核及选房服务。提升青年人才创新创业能力，举办"333会"①创业CEO②特训班，筛选培育青年创业者，开展企业参访、交流学习、私董会等集中活动。立足青年人才需求，高标准开展"333会"青年人才专场活动、青年人才培训班等特色交流、培训活动，促

---

① 333会：武汉东湖高新区打造的人才沙龙活动品牌，旨在为人才创建交流、学习、联谊、亲子互动平台，助力人才拓展"朋友圈""事业圈""生活圈"。"333会"原意为每月第三周的周三下午3点定期召开的人才沙龙活动，后根据人才需要不定期举办，分为创业人才专场和青年人才专场。
② CEO：首席执行官。

进青年人才交流与合作，助力广大青年人才深入了解光谷、融入光谷。围绕大学生就业创业，持续推进"学子聚汉"工程，举办"菁英学子光谷行""百万大学生看光谷"等活动。

三、经验启示

（一）坚持党管人才，把牢政治方向引领人才

强化一把手抓人才工作，建立党政领导班子和领导干部人才工作目标责任制，从创新发展的战略高度，提级提能抓人才工作。强化统筹协调、部门协作、上下联动，充分发挥各职能部门作用，正确处理好"牵头抓总"与各司其职、密切配合的关系。定期通报和交流人才工作发展情况，商讨和推进相关人才项目的实施，协调解决发展中的问题。建立多元化、多维度的评价体系，全面推进人才注册积分制，坚决破除唯论文、唯职称、唯学历、唯奖项"四唯"现象。

（二）强化用人主体作用，激发创新活力造就人才

建立"人才企业"培养机制，通过人才注册积分制中企业评价等评价体系，进行人才评估分级，建立人才企业等级，人才等级越高的企业在政策申请、投资拓展等方面获得的支持更多。同时，出台培育人才企业的专项政策，帮助企业树立"招人才、强企业"的发展理念，积极开展产业链重点人才招聘，加快培养造就一支门类齐全、技艺精湛、素质优良的高技能人才队伍。完善人才注册积分制，引入工资、资本市场价值等市场化评价要素，给予企业更多的评价权，让真正对产业有贡献的人才脱颖而出。

（三）坚持用心用情，完善配套服务留住人才

完善人才宜居宜业服务体系，进一步打造人才全链条暖心服务生态，为人才创业提供免费咨询、办公场所、资金项目援助、优惠制度等一站式服务。加强人才公寓、国际学校、高水平医疗机构、休闲文化设施等配套设施建设，特别是改善住房保障、文化娱乐等公共服务。实行"人才安居工程"，打造一批高端的人才住宅和人才租赁住房，让人才真正安居安心。

横琴粤澳深度合作区：琴澳和鸣，合作区的琴澳一体化发展之路

【引　言】2024年12月，习近平总书记在横琴粤澳深度合作区考察时指出，"一定要牢记开发横琴的初心就是为了澳门经济适度多元发展"。横琴粤澳深度合作区通过推动"1+4"经济适度多元发展策略①、加快构建琴澳联动发展新格局、促进境内外人才集聚、吸引澳门居民就业创业等措施，打造澳门经济适度多元发展新平台，为"一国两制"实践注入新动能。

【摘　要】横琴粤澳深度合作区是促进澳门经济适度多元发展的重要平台。自2021年中共中央、国务院印发《横琴粤澳深度合作区建设总体方案》以来，横琴粤澳深度合作区围绕"共商共建共管共享"新体制开展了诸多实践探索，积极培育科技研发和高端制造、中医药等澳门品牌工业、文旅会展商贸、现代金融等"四新"产业，打造便利澳门居民生活就业的新空间，推动琴澳一体化水平逐步提升。

【关键词】横琴粤澳深度合作区；经济适度多元发展；共商共建共管共享

---

① "1+4"经济适度多元发展策略：2023年11月，澳门特别行政区政府发布《澳门特别行政区经济适度多元发展规划（2024—2028年）》，提出"1+4"经济适度多元发展策略。"1"即按照建设世界旅游休闲中心的目标要求，促进综合旅游休闲多元发展，做优做精做强综合旅游休闲业；"4"即持续推动中医药大健康、现代金融、高新技术、会展商贸和文化体育等四大重点产业板块发展，着力构建符合澳门实际且可持续发展的产业结构。

一、背景情况

2021年，中共中央、国务院印发《横琴粤澳深度合作区建设总体方案》，明确横琴粤澳深度合作区实施范围为横琴岛"一线"和"二线"之间的海关监管区域，总面积约106平方公里，其中，横琴与澳门特别行政区之间设为"一线"，横琴与中华人民共和国关境内其他地区之间设为"二线"。粤澳双方联合组建管理机构，建立"共商共建共管共享"机制，在职权范围内统筹决定横琴粤澳深度合作区的重大规划、重大政策、重大项目和重要人事任免。2023年，国务院批复《横琴粤澳深度合作区总体发展规划》。

二、主要做法

（一）精准实施靶向招商，推动重点产业集聚集群发展

一是加快"四新"特色产业培育。科技研发和高端制造产业方面，以粤澳集成电路设计产业园为载体，支持龙头企业引入配套企业、关联企业，打造集成电路设计和制造产业集群。加快培育数字经济，开展全空间无人体系标准化建设。中医药等澳门品牌工业方面，启动并运营横琴中药新药技术创新中心，加快澳门品牌工业园建设，依托粤澳合作中医药科技产业园资源，吸引国内外医药研发中心、检测中心、贸易商、药企等落户。文旅会展商贸方面，加强琴澳会展产业招商联动，争取更多活动以"一会展两地"模式举办。现代金融方面，积极推动"横琴金融30条"各项政策落地，加强对纳入上市挂牌培育库企业的上市服务。

二是大力发展生产性服务业。瞄准数字经济等重点方向，积极招引具有核心竞争力的现代服务企业，推进服务业逐渐成为产业高质量发展的新

动力。在瞄准龙头企业精准招商的同时，持续跟进企业落地诉求，推动企业扎根发展。

（二）集聚高端科技人才资源，打造科技创新发展环境

一是打造科技创新政策矩阵，赋能科技企业发展。2024年3月，横琴粤澳深度合作区执行委员会印发出台《横琴粤澳深度合作区促进科技创新发展的若干措施》，并由横琴粤澳深度合作区经济发展局印发配套6个配套文件，围绕创新平台建设、研发及成果转化、国际科技合作、优质科创环境打造等系统构建"科创横琴"框架体系。

二是举办科创大赛，吸引优质科创企业落地。已成功举办3届横琴国际科技创新创业大赛，报名参赛项目超3000个，涵盖集成电路、生物医药、人工智能等行业。横琴国际科技创新创业大赛已成为粤港澳大湾区乃至全国范围内规模最大、资助金额最高、辐射最广的科创品牌赛事之一。

三是支持集成电路、生物医药大健康产业发展。近年来，横琴粤澳深度合作区在发展集成电路产业方面持续发力，培育了一批集成电路优质企业，聚拢了一批集成电路产业人才。此外，吸引广州医药集团、联邦制药、丽珠医药集团等一批龙头生物医药企业落地。推动"澳门监制+横琴生产"落地，澳门跨境委托制造药品在横琴粤澳深度合作区完成生产并在澳门上市销售。

（三）鼓励澳门居民在横琴粤澳深度合作区生活就业

横琴粤澳深度合作区内的澳门政务24小时自助服务中心集多功能自助服务于一体，不仅设置了自助办证机、领证机、"智取易"智能档柜等多种自助设备，还引入了遥距服务柜台，实现远程办理政府手续，旨在为身处横琴的澳门居民提供更加便捷、高效的政务服务。在横琴"澳门新街坊"社区设立民生服务载体——民生驿站，为澳门居民在家门口提供多项

民生业务一站式服务，加快衔接澳门公共服务和社会保障体系，持续促进琴澳民生融合。

三、经验启示

（一）创新"共商共建共管共享"管理体制

横琴粤澳深度合作区的成功实践，关键在于建立了"共商共建共管共享"的新体制。这种体制不仅体现了"一国两制"的创新发展，而且通过粤澳双方共同组建管理机构和执行机构，实现了权力共享、共同决策和分工协作。

（二）精准布局产业发展

横琴粤澳深度合作区坚持精准布局，打造促进澳门经济适度多元发展的新平台。通过聚焦科技研发和高端制造、中医药等澳门品牌工业、文旅会展商贸、现代金融等"四新"产业，与澳门"1+4"经济适度多元发展策略高度协同，实现了产业的深度融合和优势互补。

（三）推进基础设施和规则机制的"硬联通"与"软联通"

通过推进横琴口岸快速通关、开通澳门轻轨横琴线等基础设施建设，以及加强"合作查验、一次放行""澳车北上"等规则机制的对接，横琴粤澳深度合作区实现了人员和货物的便捷流动，为两地的融合发展提供了坚实基础。

浙江省特色产业工程师协同创新中心：产才融合，推动科技创新和产业创新深度融合

【引　言】 2024年6月，习近平总书记在全国科技大会、国家科学技术奖励大会、两院院士大会上指出，"加快建设国家战略人才力量，着力培养造就卓越工程师、大国工匠、高技能人才"。浙江省特色产业工程师协同创新中心作为重要的产才融合平台，已探索形成"一个特色产业＋一个共性技术平台＋一批共享工程师"的建设模式，助力打造卓越工程师队伍，促进科技创新和产业创新深度融合。

【摘　要】 近年来，浙江省深入实施科技创新和人才强省首位战略，坚持党管人才、改革创新，实施卓越工程师培养工程，面向特色产业集群和中小企业，布局建设一批特色产业工程师协同创新中心，助力破解企业"单兵作战"引才难、产业"核心技术"攻克难、行业"共性需求"整合难、企业"独立自主"育才难和人才"发展梗阻"畅通难等突出问题，全力推动产业和人才双轮驱动、双向赋能，探索形成了产学研结合、上中下游衔接、大中小企业协同的良好创新格局，为推进新型工业化提供有力人才支撑。

【关键词】 卓越工程师；特色产业工程师协同创新中心；产才融合

一、背景情况

近年来，浙江省深入实施科技创新和人才强省首位战略，坚持党管人才、改革创新，实施卓越工程师培养工程，面向特色产业集群和中小企业，先行探索特色产业工程师协同创新中心建设，推广"一个特色产业＋一个共性技术平台＋一批共享工程师"模式，助力破解企业"单兵作战"引才难、产业"核心技术"攻克难、行业"共性需求"整合难、企业"独立自主"育才难和人才"发展梗阻"畅通难等突出问题，加快赋能制造业高质量发展。截至2024年底，浙江省已建成特色产业工程师协同创新中心省级试点17家、市县两级试点33家，基本形成3级创建体系，实现11个地市全覆盖。

二、主要做法

（一）构建聚才大网络，助力破解企业"单兵作战"引才难

汇聚政府、企业、院校、协会、服务机构多方力量，搭建多层次多渠道引才引智网络，17家省级试点累计引进研发团队400余个、工程师10414人。直接聘任实操能力较强的工程技术人才，就近服务行业内中小企业，变"单家企业所有"为"区域企业共享"。加强与国际国内工程师机构对接，促成工程师资质互认和交流，依托合作机构柔性引进顶尖工程师，实现"不求所有，但求所用"。与产业关联度高的高校、科研院所合作，通过合作聘任、联合培养、培训交流等形式培养引进工程师。

（二）探索攻关新模式，助力破解产业"核心技术"攻克难

发挥人才要素和创新资源集聚优势，以协同创新、成果转化等方式，共同破解技术难题，17个省级试点累计解决技术问题超6600个，服务企业

近4万家次。通过组建工程师服务联盟等，归集形成技术难题"项目包"，以赛马制、揭榜挂帅等机制，吸引高校院所共同参与，实现"企业出题、中心解题、多方助题"。如台州（温岭）机电工程师协同创新中心成功孵化2个电机电控项目和1个泵用传感器项目。利用科技成果转化基金、工程师奖励基金等政策工具，引导承接院校创新成果转移转化。如湖州（德清）航空航天产业工程师协同创新中心探索"中心＋基金＋产业园"发展模式，孵化工程师领衔企业16家。

（三）打造服务大平台，助力破解行业"共性需求"整合难

集成场地、资源、设备等共性需求，建设公共平台，引导单体性、零星化平台有机联动。通过政府购买与向企业租用相结合的模式，建设公共服务平台，推广共性设备云端使用，探索错时使用等共享方式。如衢州氟硅钴新材料产业工程师协同创新中心的分析测试中心开放共享平台，大型仪器设备使用次数累计超过2.6万次。以企业协同为基础、智力协同为核心、平台协同为支撑、部门协同为保障，建立决策运行、成果转化、知识产权保护、市场化运营等机制。如金华（义乌）信息光电产业工程师协同创新中心累计向上下游企业开放共享研发设备78台（套）。

（四）构建产教融合新路径，助力破解企业"独立自主"育才难

围绕产业链布局人才链，全力打造工程师的训练营、孵化器、集散地，17家省级试点累计组织技术培训10.5万人次。杭州（萧山）信息技术产业工程师协同创新中心，通过联合实验室、协同创新基金、技能实训基地，构建"三段式"人才赋能加速体系，累计组织技术培训4986人次。

（五）塑造数字治理新机制，助力破解人才"发展梗阻"畅通难

以数字化推进人才治理能力现代化，助力提高技术、人才、数据配置效率,放大人才效能。如绍兴(柯桥)印染产业工程师协同创新中心,依托"浙里工程师"应用,打造围绕企业实际需求、人才价值实现、产业协同发展的云服务平台,极大提升人才管理和配置效率。截至2024年底,累计吸引1651家纺织印染全产业链企业、8.2万余名从业人员入驻,累计开展"产业问答"解决问题31839个,"远程问诊"800余次,"云课堂"学习达414万人次。

三、经验启示

(一)坚持党的全面领导是根本保证

坚持在中共浙江省委人才工作领导小组统一领导下,推动跨部门深度协作和资源集聚,形成教育科技人才一体推进合力,集聚更多工程师人才。

(二)贴近产业需求是出发点和落脚点

立足具有一定规模基础和比较优势的特色产业集群,在协同创新中心布局上突出企业集聚、产业集群,从产业创新发展的痛点出发,打通创新策源"最初一公里"、科研成果产业化"最后一公里"。

(三)发挥人才驱动作用是本质要求

遵循"人才带动项目、项目引领产业、产业集聚人才"逻辑,发挥人才技术资源优势,以企业技术需求为导向,通过深化产教融合、产才融合,引进、集聚、培育、用好产业人才。

（四）深化体制机制改革是关键一招

协同创新中心在对创新要素进行功能整合的基础上，聚焦人才创新创业全周期，进行体制机制的系统性重塑、全方位变革，利用数字化手段创新人才治理模式，提升企业和人才获得感、满意度。

（五）建立市场化长效机制是根本路径

坚持"政府引导、市场主导"的基本原则，突出市场化、社会化、专业化运作，推动协同创新中心建设运营主体，探索技术服务、人才培训、技术转让等赢利模式，实现自我造血。

致 谢

本书的出版凝聚了多方的智慧与努力,感谢有关地方工业和信息化主管部门和有关企业供稿,感谢中国信息通信研究院在案例编选过程中提供的支持与帮助。对于书中的不足之处,真诚欢迎广大读者提出宝贵意见。

工业和信息化部编写组

2025年9月